U0664714

智读汇

连接更多书与书，书与人，人与人。

工作法突破性创新读本

极简　高效

点子交换

达成期望成果的超级工作法

【芬】牛培生（Pepe Nummi）　著

王征　译

中华工商联合出版社

图书在版编目（CIP）数据

点子交换：达成期望成果的超级工作法／（芬）牛培生（Pepe Nummi）著；王征译. —北京：中华工商联合出版社，2020. 1

书名原文：BEYOND BRAINSTORMING-Idealogue

ISBN 978-7-5158-2687-5

Ⅰ．①点… Ⅱ．①牛… ②王… Ⅲ．①工作方法Ⅳ．① B206

中国版本图书馆 CIP 数据核字（2019）第 283457 号

外版及版权登记信息

© Grape People Finland Oy
Publisher Grape People Finland Oy
Layout: Oy Graaf Ab / Jani Osolanus
ISBN 978-952-93-7343-7
Helsinki, Finland 2016

The simplified Chinese translation rights arranged through Zhiduhui Culture Communication.

北京市版权局著作权合同登记号：图字 01-2019-7482

点子交换：达成期望成果的超级工作法

BEYOND BRAINSTORMING-Idealogue

作　者：【芬】牛培生（Pepe Nummi）		印　刷：北京毅峰迅捷印刷有限公司	
译　者：王　征		版　次：2020 年 12 月第 1 版	
出品人：李　梁		印　次：2020 年 12 月第 1 次印刷	
策划编辑：付德华		开　本：880mm×1230mm　1/32	
责任编辑：楼燕青		字　数：140 千字	
装帧设计：王桂花		印　张：8	
责任审读：郭敬梅		书　号：ISBN 978-7-5158-2687-5	
责任印制：迈致红		定　价：49.90 元	
出版发行：中华工商联合出版社有限责任公司			

服务热线：010-58301130-0（前台）
销售热线：010-58301132（发行部）
　　　　　010-58302977（网络部）
　　　　　010-58302837（馆配部）
　　　　　010-58302813（团购部）
地址邮编：北京市西城区西环广场 A 座
　　　　　19-20 层，100044
http://www.chgslcbs.cn
投稿热线：010-58302907（总编室）
投稿邮箱：1621239583@qq.com

工商联版图书
版权所有　侵权必究

凡本社图书出现印装质量问题，请与印务部联系。
联系电话：010-58302915

牛培生（Pepe Nummi）

牛培生（Pepe Nummi），Grape People 的创始人之一，芬兰引导协会（Finnish Association of Facilitators）第一任主席。

牛培生从 1998 年开始从事培训和引导工作，至今已有超过 18 年引导商业和组织发展（OD）的丰富经验。他在全球超过 20 个国家培训了 10000 多名引导师，实施了 1000 多场各种题材的引导工作坊。

牛培生致力于把全世界有关引导的最新理念介绍给全球各个行业的跨国公司。他在 2007 年和 2013 年分别出版了《引导指南》和《虚拟引导指南》，2016 年出版了《从困境走向成功——引导者实用手册》中文版。

牛培生提供的培训咨询包括：领导力的培训、变革管理和最新引导技能；涉及的相关主题有：变革实施、愿景与战略规划、大型会议的引导、创新创意、化解冲突、问题解决、组织发展和团队管理等。

王征

王征，MBA，国际引导者协会 IAF 会员。自 2012 年，他开始深耕于企业教练和商业引导的实践应用。2015 年，他获得了国际教练联合会 ICF 颁发的 PCC 资格认证，国际情商 EQ-i2.0 认证测评教练和盖洛普优势教练，有着丰富的企业实践应用和推广经验。

他不断地运用教练和引导的方式，致力于情商领导力的提升和团队优势潜能的发挥，并特别擅长针对企业客户的团队协作融合、愿景共创、组织战略管理实施以及业务开发创新等。他从一线技术销售人员做起，逐步成长为职业经理人和事业部领导，积累了丰富的销售服务、团队管理、人才培养等企业经营管理经验。

推荐序

点子交换：不一样的超级工作法

我第一次听说点子交换是在 2002 年。当时我正在斯洛文尼亚参加一个引导者的国际会议。整个下午的时间，我与其他30 多位引导师一起，参加了牛培生带领的引导工作坊。就是在这个工作坊，牛培生向我们介绍了这个既新颖又令人兴奋的引导方法：点子交换。对当初的选择我一点都不后悔，因为在过去的 14 年里，在我自己的引导工作坊中一直在运用点子交换的方法，它支持了很多团队。同时，我也向成百上千的引导技术学习者介绍了该方法，并鼓励大家"骄傲地去'偷'他人的点子"！

点子交换的美妙之处就在于它简单却很实用。牛培生服务过世界各地的各种类型的客户，包括来自非洲、中国，还有来自其家乡斯堪的纳维亚半岛的客户等。牛培生的实践和企业应用经验充分证明了点子交换可以应用于企业问题的解决、组织变革实施等很多方面。点子交换不仅可以帮助其解决问题，同样可以为人员数量各异的团体带来觉察和自我发现。

不论是引导新手，还是资深引导者，都可以从《点子交换——达成期望成果的超级工作法》这本书中得到帮助。他们可以根据客户要求，引导团队基于当时发生的实际状况，对工作坊中的各个问题、想法、选项、行动进行澄清和排序。就我而言，点子交换的亮点在于它的架构流程，它的美妙之处就是流程的结构化。这让我想到了罗杰·施瓦茨提出的"有效团队基本规则"，在开放式的会话中，人们如何产生最初的想法并相互分享。这些基本规则包括"解释自己的推理和目的""测试假设和推论""说出你的意见，再提出你的真实问题"等。依据这些准则，团体就能逐渐顺利地度过山姆·肯纳提出的"动荡期"，通过分享团体成员的价值观、推理及各种经历，从个人想法的发散期转向团体的收敛期，从而达成团体成员的共同承诺。

除了书中所介绍的点子交换，我高兴地告诉大家，牛培生的有趣和他的个人魅力也是本书的亮点，这些都贯穿于字里行间。他用讲故事的方式分享了实践中所使用的工具，从而丰富了内容和人物特征；他在每一章中都论述了引导流程是如何设计并推进的。在这本书中，牛培生所分享的内容远远不止于点子交换本身：通过分享工作坊前期的思考，他提供了如何计划和准备一个引导工作坊的深刻见解；通过分享与团队成员的互动，他展示干预措施，支持团队进行有效讨论；通过分享工作坊流程的案例，促进读者思考，进而深入理解书中的内容。

从 2002 年起，我就十分自豪地开始使用点子交换了——骄傲地"偷"。我亲自见证了该方法是如何帮助人们相互倾听、理解他人的想法。我希望你们能享受阅读《点子交换——达成期望成果的超级工作法》，阅读之后，也希望你们会决定去骄傲地"偷"。

行为科学硕士　专业引导师

阿曼达·斯科特

CHAPTER 1

第一章

---✦---

引　言

头脑风暴的方法如今已被广泛使用。当人们思考如何创造新点子的时候，人们就会使用头脑风暴的方法。当然，头脑风暴是有用的。然而，如今头脑风暴法的应用实践表明，其效用并不明显，因为它无法提供足够令人满意的结果。传统头脑风暴法虽能够帮助人们拓展新的想法，却不能帮助人们相互理解、内化、排序这些新的想法，而点子交换则可以大展拳脚派上用场。点子交换是对传统头脑风暴法的一次革命，它弥补了头脑风暴法的不足。本书会向你展示点子交换是如何与其他引导工具结合使用的，它又如何在不同类型的会议和工作坊中激发团体的活力，帮助团体成员解决问题，达成期望的成果。

　　点子交换是一系列有目的地运用对话的方式，它能帮助人们在各种会议、工作坊、头脑风暴环节中建立联结，并最终达成期望结果的过程。在进行头脑风暴时，经常面对的挑战是如何帮助人们真正倾听他人的想法。作为个体，人们往往努力想让自己的想法被他人听到、被他人理解，却不愿意花时间去关注他人的想法。这种动态特征给我们提出了真正的挑战，就是如何在不同想法之间建立联结，从而形成共识。

　　点子交换可以应用于许多不同的工作场景。本书前三章会介绍点子交换的方法及其背后的原理。在第四章之后，你会看到点子交换的方法应用于不同类型的会议，以及如何帮助达成各种会议目的。这些章节内容包括：创建愿景、问题解决、变革部署、创新和行动计划。每一章都会以实际案例中运用点子交换的故事开头，用故事的方式解释说明点子交换在不同场景下是如何有效运作的。当点子交换的方法与其他沟通或引导的工具一同使用时将十分有效。书中举例的创建工作坊或会议流程，将会进一步介绍和说明点子交换如何与其他工具结合使用。

　　本书最后一章的标题是"设计工作坊"。这章讲述的是前几章中讨论的不同目标或各种会议类型如何与一天或几天的工作坊进行组合应用。现在就让我们开始简要解释一下什么是做决定，以及为什么点子交换比传统头脑风暴法更有效。

如何做决定

我爱吃冰激凌。事实上，每个周日的早餐我都会吃冰激凌。我太爱这个习惯了，以至于每周日早上我都会早早地叫醒我的两个孩子，这样他们就可以和我一起享用冰激凌了。我知道这个习惯对大部分人而言有些怪异，但是我有我的理由，而且这对我而言是有意义的。这是我做的决定，但它不是一个孤立且缺乏思考的决定。我有完整的信念体系支撑"每周日早上吃冰激凌"这一决定。

首先，我确信我喜爱冰激凌。这也可能是我最显化的信念。

其次，我的孩子们喜爱冰激凌。我相信他们喜欢我的主意，他们愿意每周日早上吃冰激凌而被早早叫醒，这让他们感觉与众不同。同时，我也相信我的妻子讨厌我这个早餐给孩子们吃冰激凌的习惯。当我给孩子们递上冰激凌，看到我妻子怪异的脸部表情时，我就确认了我的想法。我有强烈的预感：如果我每天都这样做，她一定会十分生气的，不过我很肯定的是早餐吃冰激凌这事如果只限于周日的话，我和我妻子还是会相安无事的。

关于这一习惯，我还有另一个原因：那就是在周日我有更多的时间来享用冰激凌。实际上，在正常情况下，一天中我可以吃好几次冰激凌，但匆匆忙忙地吃冰激凌会让我不舒服。最后一点，我确信吃冰激凌会变胖。因此，我选择一周只吃一次且限定数量，以保持我矫健的身材。如果我们就"限量吃冰激凌"这一想法展开探索，我们也许会获得一个全新的、完整的信念体系。它可能包括以下想法：我是谁？我该吃什么？我想以什么样貌出现？健康对我意味着什么？

总而言之，我的信念包括以下几点：

· 我喜爱冰激凌；

· 我的孩子们喜爱冰激凌；

· 我的孩子喜欢周日早上为了吃冰激凌而被叫醒；

· 我的妻子可能不喜欢我定期在早餐时给孩子们吃冰激凌的主意；

· 周日，我有更多的时间来享用冰激凌；

· 冰激凌会让我变胖。

综合考虑以上想法，我决定只在周日的早餐吃冰激凌。之所以做这个决定是因为这是最符合逻辑的决定，它综合了我之前提到的所有信念和假设。做决定正是如此。对他人而言，在没有内容背景的介绍下，一个"决定"听上去或看上去有点傻乎乎的，但是，对于做决定的人而言，它完全符合逻辑，因为这个决定是与他庞大的信念体系保持一致的（如图 1-1 所示）。

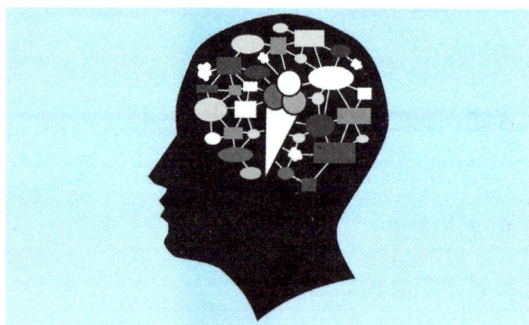

图 1-1　所有的决定都根植于我们的信念体系

这又是如何影响团体做决定的呢？想象自己是学生旅行团队的一分子，现在正在用传统头脑风暴法进行每天早餐吃什么的讨论。每个人都给出了不同的答案，比如面包、麦片、烙饼、培根或煎蛋卷等，每个人都不能指责他人的想法。当收集到团队成员所有的想法后，对它们进行了优先排序，得出的结论是：早餐吃培根和麦片。不幸的是，这并不是个好决定，因为团队中有两个人对麦片过敏，还有三个人是素食者。

传统头脑风暴法之所以无效，是因为它无法创建各种想法之间的理解和找出各种想法背后的理由。传统头脑风暴法的规则要求不能对产生的想法进行评判，这使人难以了解他人的想法。为了做出更理想的决定，首先我们需要理解持有这些观点和想法的人们背后的信念、价值观和事实依据。点子交换的方法积极地鼓励人们去探询、聆听、提问、发现他人的想法和观点背后的逻辑与假设，帮助寻找共同的利益，支持团队在收敛阶段达成有效共识。这本书中的实践案例将逐步展示点子交换的作用。

点子交换要点总结

传统头脑风暴法的规则和主要挑战

传统头脑风暴法的规则

- 不能评判；

- 寻求数量，不求质量；

- 欢迎独特的想法；

- 在其他想法的基础上构建和拓展。

传统头脑风暴法的关键挑战

- 你不能评判！如果你不问一个想法为什么有意义或为什么有用，那么这个想法或者这想法背后的理念也就无法被深入理解。

CHAPTER 2

第二章

欢迎来到引导的世界

点子交换本质上是一个引导工具。在我继续介绍点子交换以前，请允许我先从定义上介绍什么是引导、引导的核心要素是什么、引导能获得什么成果，否则我无法继续介绍点子交换。如果你已经熟悉了引导，那么你可以跳过这一章。

挑战

在世界各地的办公室里，人们各自忙碌，彼此并没有联结。好多想法和点子被丢弃，甚至没有被说出来，很多既定的战略方案也没有被理解。这并不是我们有意识地选择，也不是因为我们缺少努力，而是很多时候人们各自为政、缺少联结，这是因为工作坊或会议流程架构的设计不合理，往往因为在同一时间发生很多事而彼此无暇顾及。

无论何种会议，都有两个核心要素：内容和流程。内容是指在会议中人们谈论什么，包括团体讨论中提出的想法、建议和决定。流程是指作为一个团体，人们如何沟通、如何决定、如何解决问题？众多议题以什么顺序呈现？谁发言？发言多久？如何接受和给予反馈？这些都是与会议流程相关的话题。

不幸的是，我们的大脑不具备同时管理内容和流程的能力。我们的头脑被"内容"过度占据，这样使得流程管控变难。人们倾向于关注自己的需要和想法，以及与自己工作相关的话题。这就使得人们几乎不可能去接受或去理解新的、不熟悉的想法。大家都参与了同样的会谈，但是每个人讨论的却只是某个话题的不同方面罢了。例如，第一个参与者谈论的是事实依据，第二个参与者关注解决方案，第三个参与者强调问题本身，第四个参与者则表达的是就问题而言的感受，第五个参与者在讨论天气情况……参加会议的人数越多，会议顺利开展就变得越困难。然而，这样的挑战却让引导变得有意义。

解决方案

一名引导者是一个组织协调团体会议和工作坊的中立的第三方（如图 2-1 所示）。引导者的中立性意味着他们不以任何方式为会议或工作坊贡献内容。他们对会议的产出结果不会持有立场，包括优先排序后的会议决定。他们仅仅关注会议流程。

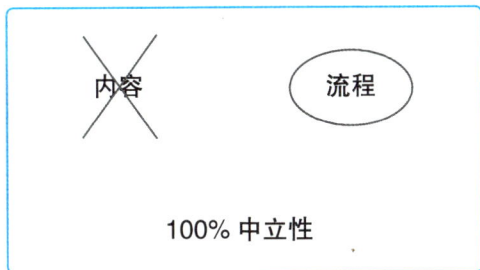

图2-1　引导者的角色

　　因此，团队成员贡献会议内容，而引导者把握会议流程。通过关注流程，引导者能够帮助团体成员之间建立相互联结，支持他们取得更佳的会议成果。

　　引导流程由两个核心元素组成：引导阶段和引导工具。引导者不允许参会者不按流程随意地发言，而是将一个工作坊拆分成特定的引导阶段，让团体成员保持同步。经典的工作坊三阶段从澄清阶段开始，接着进入寻找解决方案阶段，最后是行动计划阶段（如图 2-2 所示）。在三个引导阶段中加入不同的引导工具，建立一个牢固的引导流程框架，最终体现在团体会议中的就是大家能和谐有效地工作。这三个阶段，我会在第九章"设计工作坊"中具体介绍。

图 2-2　工作坊的不同阶段

引导流程的第二个核心元素是引导工具。从理论上讲，引导的三个阶段很不错，但是如果没有使用正确的引导工具，工作坊的框架也会平平庸庸。所以，针对每个引导阶段，引导者需要选择一套正确的引导工具，帮助团体产生和选择最佳想法。

简而言之，以下三个要素将对会议或工作坊的品质贡献巨大：一是关注会议流程而非内容的引导者；二是有助于人们保持同步的简明引导步骤；三是助力人们参与、支持人们决策的引导工具。

引导的价值

通过运用引导，鼓励全体成员积极参与，这将促进相互之间深度的理解、潜能的激发、组织的发展和共识的达成，以及对公司愿景和战略计划的真正承诺（如图 2-3 所示）。这些引导的益处也许看上去就像绚丽而美好的希望而已，但是当引导技术被运用，沟通效果得以提升，人们就会感知到自己正在为所做的决定做贡献，自己的声音正在被听到。所有这些都有助于全体人员之间深入理解、员工幸福感提升，以及公司取得更大的成功！

引导的基本原则就是要清晰明了。中立的第三方对会议流程的关注，能够提升团体沟通的整体水平，赋予了人们对所做决定和产出想法的拥有感。

然而，即使你邀请了一位中立的引导者主持会议，以帮助人们沟通、联结、真正理解相互之间的想法，会议可能依旧面临着挑战。值得庆幸的是，点子交换的方法能很好地应对这样的挑战。

图 2-3　引导就是创建共识和增进理解

CHAPTER 3

第
三
章

点子交换——引导的方法

嘘！我要坦白一件事。点子交换不是我的灵光乍现，也不是我花了几年时间在一座满是尘土的图书馆中所做的精深的学术研究。实际上，它源自真实的工作经历，我也为此感到非常自豪。就个人而言，我已经使用了上千次点子交换的方法，幸运的是，我的同事们也在广泛使用。发展和完善点子交换的过程并不值得志得意满，也不足以举杯庆贺。实际上，点子交换始于一系列的失败和教训。

第一次失败

2002 年的春季，北欧一家大型印刷公司正处在一项决策的十字路口：他们不知道如何处置"芭芭拉"。你肯定想问谁是芭芭拉？大块头芭芭拉，其实是一台老式的巨型印刷机器。由于它的高龄，需要额外的能耗才能运转。它的运转速度也跟不上现代商业节奏的需求。因此，公司购买了一台更为小巧、灵活、快速的印刷机器。尽管大块头芭芭拉在员工心目中和历史上具有突出的地位，但是它仍将面临失业。

我被邀请去引导一个创新工作坊，目的就是找到具有传奇色彩和人人钟爱的大块头芭芭拉的新用途。工作坊的效果很不错，众多部门的人员都参与其中。这个工作坊位于波罗的海的苏欧门里那岛上，在一个令人好奇的、18 世纪的要塞举行。它距离赫尔辛基市不远。在岛上的一个啤酒厂里，每个人都为这个工作坊做好了充分准备，他们轻松自在，手中拿着自己喜爱的啤酒，准备一起为大块头芭芭拉的命运做决定。

通过不同的头脑风暴法，人们提出了上百个主意。每个人都积极地分享着他们的想法，用他们认为的最好的方式送别即将退休的芭芭拉。啤酒厂里，工作坊的墙上很快被五颜六色的即时贴覆盖，每张即时贴上都写了一个想法。

最佳的想法是经过描述说明、再选择、进一步完善后，最终由所有参与者评估选出。当我们结束工作坊时，每个人似乎都很高兴。但是，表象是具有欺骗性的。

维尔塔宁先生，当时他是印刷公司的总经理，他有些顾虑想要与我讨论。

"牛培生，我想我们的工作坊开始得很顺利，也不缺少创新和有用的点子。但是当我们在众多想法中选择时，总感觉不对劲。团体一起选出的想法是'最佳的平庸'。虽然我们共同做了决定，但是我还没有完全理解这些想法，我不知道发生了什么。"

维尔塔宁先生带着困惑离开了。显然，他对团队决定选出的最佳想法并不完全满意。

● **教训 1**

工作坊成功地产出了很多想法，但它并没有促成大家对想法的充分理解。我收获的教训是，在团体开始选择或优先排序各种想法之前，我应该帮助团体成员更好地理解已经产出的想法。

第二次失败

几周时间很快过去了。第二次失败依然发生在苏欧门里那岛的要塞上，不过是与一群不同的人在不同的酒店。我被邀请为一个程序开发团队引导一个创新培训工作坊，此时程序开发者们正在开发一个伟大的应用 App，他们希望这个应用程序能主导全球，至少占领本土市场。我们正处于创意想法的阶段中。由于牢记着第一次失败的教训，我有意识地尝试着关注大家对所产出想法的充分理解。

我想，解决以上问题的答案就是要来来回回地沟通想法，答案就在于对话。为此，我阅读了当时关于对话艺术的所有资料，并准备好带领该团队进入深度对话模式中。在工作坊中加入对话的目的就是迫使参与者倾听他人的想法。我也希望通过对话的推行，促进大家对各种想法的清晰理解，保持大家参与的积极性。

伴随着这些想法在脑海里打转，我对团体成员说道：

"好了，各位，到目前为止，你们干得都不错。你们创造了很多想法。现在是时候通过与其他人讨论，进一步拓展你们的想法。其中，你们不只是阐述自己的想法，然后等其他人阐述，而是要与你们小组的组员进行对话。这将帮助你们互相理解，相互学习。"

我继续解释对话的基本原则。其中的一个原则就是参与者通过清楚表达，并且在需要澄清时，进行重复说明来放慢对话的速度。

其中一位名叫迈克的程序开发员，对这一原则咬文嚼字。

"嗨——你——期——望——我们——说得——多——慢——慢——啊？"他有些故意地问道，其他成员都笑了起来。

点子交换要点总结

对话的定义和基本原则

什么是对话（Dialogue）

· Dia 和 Logos 是希腊语，意思是通过某种意义；

· 聚焦和有意图会话；

· 想法或观点的交换。

对话的基本原则

· 倾听理解对方，即使你不赞同；

· 搜寻假设；

· 他人有权利去相信和感受与你的不同；

· 他人分享时，不要打断对方；

· 尊重对方，平等相待；

· 放慢对话速度；

· 分享你自己的视角；

· 不要急着去判断；

· 寻找共同点；

· 保持对话和做决定的分别进行（对话先行）。

　　我把团队分成更小的 4~5 人的小组，告诉他们各小组有 25 分钟进行小组讨论，并特别强调要给予每个人足够的时间表达他们自己的想法，也可以就他人的想法提问。五分钟后，迈克的小组已经结束。"牛培生，我们有一些不错的主意，想与其他小组成员进一步完善它们。小组对话的部分我们已经完成了。"我不敢相信这个小组已经完成，我告诉迈克，我很欣赏他们想继续讨论的热情，但我认为为了更好地相互理解，他们可以谈论更多。

没过五分钟，另一个小组开始抱怨了。

"牛培生，我们已经放慢了对话的速度。不过，我想我们已经覆盖了所有要讨论的内容。"我知道仅仅十分钟内要创建并理解多个技术观点和概念是不可能的。但我还是放弃了，让每个人一起回到大的团队中，继续完善各个想法直到工作坊结束。

● **教训 2**

我带着对参加者的失落感离开了工作坊：人们不想听他人讲！这个特别的创新工作坊的挑战是参加人员有了自己的想法就不乐意或者不想去倾听他人。在后来的团队引导工作的经历中，我学习到这并不是创新工作坊特有的问题，它是人们共有的问题：当我们感觉自己有了一个好主意时，就不想听别人的主意了。

成功：点子交换的诞生

在经历点子发散、征集失败的同时，我的一位导师对我的帮助非常大，他叫卡里·海林，是团队引导方法领域的大师。我认为他会是帮我解决这个问题的最佳人选。当我解释了从我的视角观察到的所有情况后，他给了我一个有趣的回复。他建议每个参与者应该复制他人的想法。

"确保每个人有一张纸，让他们四处走动，复制他人想法。"卡里说道。对于一个解决方案来说，这听上去似乎过于简单，但我决定试一下。

我回到了那家印刷公司召开第二个工作坊，因为大块头芭芭拉还处在即将失业的危险境地……首先，我要求参加人员写下关于芭芭拉下一步怎么办的所有想法，包括它是否可以用于别的用途或者以某种方式进行回收。接下去，我简单地告诉参与者去复制他人的想法，写下他们认为的最佳主意。这就激发了参与者的竞争性，而竞争性也促使人们开始收集他人的想法和点子。在工作坊的结尾，当最佳的想法被选出和张贴起来的时候，所有选出的点子几乎被每个人所理解。"复制"的方式成功地在参与者中促成了理解并达成共识。我们也找到了一条途径，帮助联结不同团队成员之间的想法。点子交换的形成就是基于此，但离完备还有很长的路要走。

得益于同事们给予的非常宝贵和慷慨的帮助，最终才形成了点子交换的方法。我参加了来自丹麦派·克里斯强森先生带领的一个引导工作坊，他提到了"骄傲地'偷'"。我想这正好是复制他人想法的很棒的基本准则。后来，我知道"骄傲地'偷'"的概念已被许多负责组织发展的人士广泛使用，用来与"不是这儿想出来的"思想行为做抗争，因为这种思想行为会阻碍人们向其他组织学习。

我有个同事，他参与了点子交换方法起初的尝试，而且贡献了很多。他就是格雷戈·奥谢博士。在他的工作坊中，他也正在寻找提升团队成员对各种新想法理解的方法。实际上，他就是提出"Idealogue"（点子交换）的人，把"idea"（主意、想法）和"dialogue"（对话）两个词组合在一起，即通过点子交换进行会谈或者交流想法（如图 3-1 所示）。佩卡·莱斯卡拉也给予了重要的支持，是她设计了最早的点子交换的标志。

Idealogue

图 3-1　原始的点子交换的标志

　　我们在一起尝试了点子交换的各种变型，也在不同人数的小组中进行了尝试。最后，我出面把所有的整合在一起，描述了基本流程和步骤，点子交换终于成形。

　　起初，我们只在创新工作坊中使用点子交换。很快，我们发现人们普遍缺乏联结，对讨论时产生的各种想法也缺乏相互的理解。因此，我们开始将点子交换用在其他主题的会议中。

如今，我们在各种类型的主题中常常使用点子交换的方法，因为它在团队成员之间创造了很好的联结以及共享场景。

我第一次介绍点子交换是 2003 年在斯洛文尼亚举行的国际引导者协会（International Association of Facilitators，即 IAF）的会议上。之后，点子交换出现在我 2007 年的著作《引导者手册》中。我自己已经成百上千次地运用点子交换的方法，帮助人们在团队会议中对最佳想法进行理解和联结。我可以自豪地说，许多引导者们已经将点子交换的方法添加到他们的引导工具箱中了。

现在，你也许明白了我"偷了"点子进行交换，或许它只是正好出现，又或许它只是一个快乐的意外产品。无论如何，现在我正开心且骄傲地教授点子交换，并且还在运用点子交换。

● **点子交换的来源**

Dialogue＝dia＋logos（greek）＝through meaning

注：从单词表面释义来看，对话由源于希腊语的两个词"dia"（通过）和"logos"（词汇、含义）构成，意思是通过某种意义。

Idealogue＝Idea＋dialogue＝conversation to discover through meaning of ideas

注：从思想层面（思维意识层面）来看，点子交换意味着围绕不同主意的深度对话和探讨。

具体方法

点子交换由五个阶段组成：个人阶段、骄傲地"偷"阶段、重复"偷"阶段、点子选择阶段、点子评估阶段。之后，我会详细描述每个阶段。五个阶段的顺序始终一样，但是根据人数多少、讨论话题的复杂性，每个阶段所需时间可以调整。

阶段一：个人阶段

一开始，参与者被要求静默书写，独立写下自己的想法或观点。每个人都有不同的思考方式或推理模式。同理，人们表达想法的方式也是不同的。有些人在表达前需要花时间思考一下，而有些人思考与说话可以同时进行。因此，重要的是，要考虑到这些差异，并分配相应的时间让其可以思考。对于每个人，甚至包括那些特别能说的外向的人，静默思考也很好：更多的点子会涌现，而且点子背后的逻辑也会变得更清晰。如果你直奔小组讨论，往往第一个想法具有锚定作用，会限制新想法，因而出现新想法雷同的情况。而工作坊开始的个人阶段就是帮助团体发散，产生更多不同的想法。

个人阶段需要多少时间取决于话题的复杂程度和潜在想法的数量。如果我带领一个行动计划流程，期望参会人思考一个与简单流程相关的特定任务，那么在个人阶段 1~2 分钟就足够了。如果我引导一个创新工作坊，其间想法比较抽象复杂，那么个人阶段花 5~10 分钟也是可以的。有时候，当人们被要求试着向他人进行解释或梳理自己的逻辑关系时，个人阶段所需的时间就更久。

阶段二：骄傲地"偷"

该阶段引导者要介绍点子交换的基础原则——骄傲地"偷"，并将参与者分成小组。

骄傲地"偷"就是允许人们选用他人的点子。我通常会解释说在该阶段邀请参与者分享自己的点子、获取他人的点子，然后一起发展完善点子。在小组讨论中，点子不再属于某个个人，而是成为小组共同拥有的点子。小组的团队共识也就此形成。

我不止一次地被其他引导者问过，这个基础原则是否可以用更柔和一些的词，因为一些参与者可能会抵触"偷"的说法，对于某些人来说，"偷"有着很强烈的负面含义。人们从小就被教育不能行窃，我们也可能听说过这样的故事：某人因为偷盗的原因丢了工作或毁了职业生涯。在点子交换的基础原则中，如果确实需要，"偷"这个词可以被更柔和的词替换，例如交换、获取等。但我不得不说"骄傲地交换"无法呈现出"骄傲地'偷'"的内涵。

然而，关于"偷"这个词的疑虑也只是理论上的担心。在实践应用中，参与者几乎没有反对过"偷"。我曾告诉过一个引导者朋友，我即将在佛罗里达为一群在公共部门工作的妇女们引导一个工作坊，期间会用点子交换的方法。我的朋友告诉我说："牛培生，一旦你告诉她们要骄傲地'偷'，她们即刻会把你扔出屋子。'偷'的概念完全违背她们代表的一切，这可绝对不行。"

我很幸运，我的朋友完全错了。这群略显年长的妇女们跟随我的指示，在骄傲地"偷"上完全没有问题。没人抱怨，每个人都很高兴。人们喜欢别人倾听自己的想法，更喜欢别人采纳自己的想法。当然，我不是在谈论偷取那些价值好几百万美元的发明计划。我们都希望自己具有感召力，可以影响别人。要具有感召力，就需要让你的想法被理解、被接纳，然后通过他人传递给更广大的群体。

点子交换的要点总结

点子交换的两个关键概念

骄傲地"偷"

· 允许采纳别人的点子，使所有点子成为团体的共享财富。

在你自己的纸上收集最佳点子

· 目标清晰，明确个人竞争性的任务；

· 为了"偷"最佳点子，你不得不去理解什么是最佳点子，这也促使人们提出具有魔力的"为什么"，进而对点子理解得更为深刻。

在这个阶段，我会给团队一个关键的指示：在你自己的纸上收集最佳点子。这是该方法的核心，也直接影响对骄傲地"偷"这一基础原则的运用。如果我只要参与者进行分享，那么这就变成了没有个人目标的小组任务。在这个阶段，如果在大家有机会理解对方的想法之前，我就要求小组成员探讨哪个是最佳点子，就会让小组陷入什么是最佳点子的争议之中。

要求小组成员为自己收集最佳点子，写在自己的纸上，这就成了个人要完成的任务。这也让每个参与者对自己要完成的任务承担起责任。这个任务既有清楚的目标也有驱动力，同样，也不需要去争论最佳的解决方案。如果你发现某个点子不错，就写在自己的纸上，然后快速地切换到下一个点子的收集上。

这个方法有效就是因为人们不可能在还没理解对方的时候写下别人的想法。这也促使参与者去发现、去理解他人点子背后的逻辑。参与者会在过程中问一个重要的问题——为什么？这就迫使其就他人的想法做更广更深的思考。

当我要把参与者分成小组，我会简单地告诉他们每三人一个小组。为什么是三人一个小组呢？有时候，在"一对一"模式下，两人讨论无法有效开展工作。基于与世界各地团队长期工作的经验，我发现两个人很难维持持续对话。当三人以上进行讨论时，总会有人不说话而慢慢退出会谈，好像消失在雷达之外。在三人小组中，通常你可以保证想法有足够的多样性，害羞或沉默寡言的人也不会有太大压力，可以舒适地参与交流。但在大部分情况下，你无法只要求三人一组，因为参与人数无法被三等分。这种情况下，你可以让有的组分成两人或者四人。

骄傲地"偷"的步骤说明

· 在你的纸上收集最佳点子；

· 讲述、倾听、完善；

· 三人小组；

· 12 分钟。

小组分享阶段需要多少时间，应依据讨论内容的复杂程度而定。通常一轮骄傲地"偷"需要 10~12 分钟。然而，在一次创新工作坊中，技术专家们在三人小组讨论分享上几乎用了两个小时，直至我们组成新小组重复"偷"的流程。

阶段三：重复"偷"

形成新的三人小组后，点子会被进一步发展完善。

最简单的组成三人小组的方法就是告诉大家起立，快速地找到两个新的伙伴组成新的小组。

为什么我们要以不同的小组重复地"偷"呢？再次重复的目的还是为了促进对不同点子的进一步交流和相互理解。第一轮三人小组已经对相互之间的点子有了很好的理解，甚至很可能对最佳点子有了共同的认知。但是，他们还不知道屋子里还发生了什么，所以需要通过重复分享，联结第一轮小组与其他小组成员之间的各种想法。

点子交换是一个创建共识的方法。进行小组分享的次数越多，整个团队形成的共识就越强。有时，我会开玩笑说你需要不停地换组，保证人们一次又一次的分享，直到观点穷尽到不能再分享，以至于人们疲惫到只能对任何事情都表示赞同。在实践中，我不会让团队成员累成这样，通常会进行 3~4 轮的小组分享。如果次数再多，就过了边际效益的临界点，随着能量开始下降，人们对讲话、思考、发展点子的活动也会感到疲惫。

如果第一轮分享为 10 分钟，在下一轮时则应该多给些时间分享。这是因为在每一轮后，人们从别人那里偷取了点子，有了更多分享内容。平均算下来的话，每轮 10 ~ 15 分钟是个不错的选择。

很多时候，我会在每一轮中间加入个人思考来发展点子。在每轮"偷"之间，我会对团队成员这么说："现在请你仔细看一下你眼前的珍贵的点子清单，发展它们，创建新的点子。你有四分钟时间。"

我有个强烈的信念要给人们时间去思考。因为人们考虑得还不够！好吧，至少我个人是如此认为的。

阶段四：点子选择

在该阶段，人们还是以小组的形式进行最佳点子的选择。一旦小组成员同意小组中哪些是最佳点子，组员就把它张贴在会议室前面，保证每个人都能看到他们呈现的最佳点子。上一个阶段聚焦在个人，任务是将最佳点子收集到你自己的纸上。现在参与者之间需要达成一致和共识。在偷了几轮，有了对想法背后逻辑的理解之后，团队共识也就相对容易达成。

选择点子的步骤说明

· 尝试达成共识；

· 最佳点子的数量不受限制，但是最佳点子也不能太多；

· 用大字在纸上写下最佳点子；

· 当你的小组写完了，将点子贴在房间的前面，保证每个人能看到；

· 12 分钟。

被选择的点子数量是不受限制的。你不能要求参与者张贴特定数量的点子。在选择点子阶段，对于数量不受限制的说明非常关键，万一个别小组有五个或者只有一个很棒的点子呢？与强制要求小组给出一定数量的点子相反，我就简单地要求他们贴出小组共识的最佳点子即可。不过，我也常常会提醒参与者，不可能所有的点子都是最佳的，所以他们需要精简最佳点子的数量。

这里有个小提示：要确保团队有适合的材料，能用大字写下各个想法，小的即时贴可能无法满足这一需求。参与者需要用粗的马克笔，写在大一些的纸上，以便每个人都能看到张贴的点子。选择点子的阶段大约需要 15 分钟。

阶段五：点子评估

在这个阶段，如果需要的话，引导者应给予足够的时间让大家提问，以确保整个团队都能理解张贴出的点子。这样，团队就能对结果进行评估。

有趣的是，参与者无需对小组达成共识后张贴的点子进行说明，因为这些点子已经在团队之间的不断分享中被理解了。先前不断重组的过程，确保了对话质量的提升和对人们的好奇心的激发，为理解想法、达成共识创造了很好的机会。事实上，只有那个没有参与小组讨论的引导者本人，才会因诱惑而想听一听无聊而冗长的点子说明，而这些点子每个参与者都已经熟悉。此时，邀请团队成员安静地阅读张贴的点子，这就足够了。如果有点子不被理解，你可以阐述并回答相关问题。

在这个阶段，许多引导者喜欢对点子进行归类，其实，这一做法是不必要的。对点子归类，我持反对态度。以"晚饭吃什么"为例，假如你正在试着决定晚上主菜吃什么，你的朋友们建议吃三文鱼、牛肉、鲈鱼、猪肉、羊肉、鳕鱼。现在你对不同的建议进行归类，那就只有鱼和肉，但这根本不能帮助你做决定。当你对点子归类时，因为具体细节的失去导致决策参考依据不足，这会使决策变得困难。当你在定义问题的时候，归类可能更危险，由于对问题的归类可能导致其发生变化，从而让我们看不清真正的问题。有时，给点子归类很难，因为人们要试着把原本不相关的想法放在一起，这也可能引起不必要的争论。当然，如果有许许多多的点子，你也可以对点子进行分组。因为有时候给众多点子进行分组有助于建立一个框架，这样要比理解数量庞大的个人想法容易一些。

现在，评估结果是至关重要的。举例来说，如果你正在澄清问题，你会问团队："到这里，我们找到问题了吗？"如果你在创建一个共同愿景，你会询问团队是否感觉这就是我们共同的愿景。如果你已经创建了新点子，你可以征询这些点子是否符合创新流程目标。如果你在制订行动计划，你可以确认所有行动是否对应了行动之前所有达成共识的解决方案。万一团队成员对这些点子不满意呢？那么你就要求大家提供新点子。例如，你可以开始新一轮的三人小组，就如何改善工作坊结果的话题进行讨论。

一个典型的点子交换会议需要 1~1.5 小时，其时间构成如下：开场介绍和主题聚焦需要 15 分钟，个人思考阶段需要 5 分钟，变换小组、骄傲地"偷"需要 45 分钟，选择和张贴最佳点子需要 15 分钟，讨论 10 分钟，1~2 分钟评估结果并获取团队反馈，最后 1 分钟感谢团队成员的参与，然后结束会议。根据参与人数和主题，会议时间长度也会有所不同。我经历的最长的点子交换是在一个创新工作坊中，作为其中一个环节，它持续了近 5 个小时。

尽管点子交换也可以有效应用在大型的团体中，但是最合适的团体人数是在 6～24 人。在人数少的团体中，你可以选择"两两配对"取代"三人小组"。点子交换也成功地在几百人的团体中使用过，即使在大型的团体中，点子交换也能帮助人们完善发展他们的想法。然而，在大型团体中建立共识会更难，原因很简单，你需要联结现场数量众多的参与者。

在工作坊中，点子交换可以被用于澄清信息、澄清问题或者澄清目标。它也可以被用于创新环节和行动计划阶段。在接下来的几章里，你将会发现更多如何使用点子交换的方法。

点子交换的要点总结

点子交换的阶段

阶段一：个人阶段

- 参与者被要求静默独立书写自己的点子。

阶段二：骄傲地"偷"

- 该阶段引导者要介绍基础原则，并形成三人小组；
- 骄傲地"偷"；
- 在你自己的纸上收集最佳点子；
- 分享、倾听、发展。

点子交换的要点总结

阶段三：重复"偷"

· 形成新的三人小组，第二阶段重复几次。

阶段四：点子选择

· 在这个阶段，参与者留在三人小组中，选择最佳点子；

· 选出最佳点子；

· 尝试达成共识；

· 用马克笔将最佳点子写在纸上（数量不受限制，但是
最佳点子也不可能有很多）；

· 一个点子一张纸；

· 当你的小组写完了，将点子贴在墙上。

阶段五：点子评估

· 引导者确保团体成员理解张贴的点子，并由团队成员
评估结果。

CHAPTER 4

第
四
章

创建愿景

点子交换适用于常见的商业会议场景，有时候也可以和其他引导工具结合一起使用。我深信，工具最好的展示方法应该是在实际使用的时候。

来自拉各斯的电话

在我的引导生涯中最有意思的一件事是，我从来不会感到无聊。在二十多年的引导生涯中，我很高兴遇到了成千上万的来自不同行业的人们。我能够因此学习到各种工作方式，体验到各种全新的文化。虽然我花费了太多时间在机场和飞机上，但是这个小小的不足却也带给我很棒的机会——环游世界，到处引导。我想这份工作最棒之处就是时常改变的工作环境和要求，而我从来不知道需要引导的下一站在哪里。点子交换也有相似之处：它可以被运用在各种不同的内容场景中。我清楚地记得那通电话——带我开启了第一次非洲之旅。

拉各斯？我很确定那是在尼日利亚。看着手机屏幕显示的的区域号码，我一边辨认一边在心里思索着。

在我简单回复了"你好！我是牛培生"之后，电话的另一端就直奔主题了。"牛培生，你好！我的名字是埃斯特。我代表萨姆·阿德巴约先生的尼日利亚配套有限公司打电话给你。"

在感谢埃斯特来电之后，我问她我可以如何帮助她和她的公司。埃斯特解释说她们公司是一家生产多种产品的制造型企业，其产品是由位于尼日利亚不同区域的工厂生产的。

"在整个尼日利亚，我们有六家工厂，每个工厂的产品几乎没有交集。例如，我们所在的拉各斯工厂生产儿童玩具，而在北部城市卡诺的工厂则生产宠物食品和轮胎。这也导致每个工厂的管理层团队只关注于他们自己的产品生产上，很少与其他工厂有交集。正因如此，当召开公司全体会议时，这些经理之间就会产生许许多多的误解。同样，公司总裁兼首席执行官阿德巴约先生也感觉自己受困于众多事务中，而不得不调解所有的这些冲突。他觉得公司应该利用一些时间和资源来找寻共同的战略目标。所以，我们想请你来协作。"

在感谢埃斯特的邀约之后，我接受了这份工作。我们在电话中聊了很久，为后续的工作坊做细节的规划。埃斯特在电话中提到工厂经理们之间很少有团队协作，毫无疑问也没有共同的目标或是统一的公司愿景。

我告诉她我认为最佳的方式是首先创建一个领导层团队的共同愿景，然后再考虑战略实施，最后才是制订行动计划，提供可行的行动步骤，跟进落实全新的愿景和战略。但更多的战略或行动，并不是我们首先要考虑的，对于尼日利亚配套有限公司，我们需要从创建愿景开始。

以正确的步伐开始

大约在我与埃斯特第一次对话的两周之后，我已身处拉各斯市中心一所豪华酒店的会议室中。我以前从没来过这座具有 2000 万人口的城市。我很感谢会议室就安排在我居住的酒店内，因为我听说过有关这里交通极为糟糕的传奇故事。当我环顾会议室的四周时，我好奇地猜想与尼日利亚配套有限公司一起工作将会如何，但愿这些人能友善地看待不同的观点。我从没和尼日利亚配套有限公司的员工一起工作过，更别说在尼日利亚了。我不知道可以从这个公司文化或者这个国家的文化中期待些什么。在一些地方，冲突是受欢迎和被鼓励的，而在有些地方，冲突会演变为会议室角落里巨大的"房间里的大象"①，没有人谈论，而它却影响着每个人。随着所有人陆续走进会议室，我一边思考着，一边将 9 把椅子朝着会议室前方摆成了半圆形。

---

① 英语谚语，意思是一些非常显而易见的，可是却一直被忽略的问题。

这个团队的领导者就是萨姆·阿德巴约先生，他是尼日利亚配套有限公司的首席执行官（CEO），也是该公司的执行总裁。他身着一套漂亮的西装，说话平静而坚定，正如尼日利亚商业文化所展示的那样。接着是埃斯特，她可以说是萨姆的左膀右臂。她是公司的首席运营官（COO），也是定期给萨姆提供反馈的人。萨姆在做重要商业决策、决定采取行动之前会先征询她的意见。之后是艾德，一个戴着眼镜、看似安静的个头不高的人，他是公司的首席财务官（CFO）。

团队剩下的其他人则由公司各生产工厂的经理构成。既然公司没有具体的分工策略，取而代之的是由市场环境和机会决定他们生产什么，工厂地址、大小、生产的产品就有很大差异。

当他们陆续进入会议室，与我握手，并分别用自己的名字、工厂地址、工厂生产的产品与我打招呼。

"你好！我是约翰·安布罗斯，来自拉各斯的宠物食品工厂。"

"摩西·西蒙，来自卡诺，生产纺织品。"

"牛培生，你好！我是塞西莉亚，来自阿布贾工厂，专门生产橡胶轮胎气门芯。"

"很高兴认识你！威尔弗雷德，来自拉各斯最大的儿童玩具工厂。"

"嗨！我的名字是亚历克斯·穆萨。我管理着伊巴丹钢笔工厂。"

"牛培生，见到你很高兴。我是夏娃·艾比。我负责位于拉各斯的化妆品工厂。"

尽管各个工厂经理之间内部存在纷争，沟通很差，但是每个人好像都以自己工厂生产的产品为傲。

"非常荣幸来到这里与各位相见。"当大家都坐下之后，我向大家问候。

"我很高兴受邀来到拉各斯。看看今天的天气，多么阳光明媚，宜人的 28 摄氏度。在赫尔辛基每年的这个时期，一天20 小时是黑夜，气温远低于冰点。所以，再一次由衷地感谢此次的邀请。"

在开场介绍之后，是时候给整个团队暖场了，同时还要引出他们对今天工作坊的期望。为此，我告诉他们每人花一分钟时间思考一下公司当前的现状以及希望今天有什么收获。在每个人思考过后，我告诉他们找一位搭档分享自己的想法。分享完毕后，我邀请整个团队重新集中，然后要求每个人快速分享一下搭档的期望。

虽然我对他们的期望是什么感兴趣，但是这个开场有个更为重要的目的：让参与者放轻松，让他们自在地与他人一起工作，并在团队面前发言，而这是他们在工作坊余下的时间做得最多的事情。

公司管理团队的期望

· 萨姆：让所有的人同频，并建立良好的沟通；

· 埃斯特：发展公司共同愿景；

· 艾德：基于重要性，优先排序未来的项目；

· 约翰：停止浪费和不必要的开销；

· 摩西：尝试一个新方法，解决我们的老问题；

· 塞西莉亚：一顿免费午餐，除此之外，没有其他的（相当负面）；

· 威尔弗雷德：保持开放的心态，没什么期望；

· 亚历克斯：获得团队成员的信任；

· 夏娃：向其他经理人学习，学习如何一起工作。

　　尽管每个人都在同一家公司工作，但是由于工厂分散的位置、工厂各自的关注点不同，导致许多经理人都不习惯于发言，也不习惯与他人分享想法。开场的这个破冰活动，通过相互之间分享建立联结，让大家自在舒适地与人交流。每个引导工作坊都有一个开场，所有践行引导原则的人都应该认识到开场的重要性。

　　在让场子暖起来，并让每个人分享他们的期望后，轮到我来告诉大家整个工作坊的架构和如此设置的原因。

愿景的一天

"今天我们在这里参加愿景工作坊。你们中谁知道愿景工作坊是什么？或者说它是如何运作的？"

亚历克斯清了清嗓子，回答道："我以前从来没有参加过这类工作坊，不过我猜想工作坊的目标是让大家就尼日利亚配套有限公司的最佳愿景达成共识。"

我先是感谢亚历克斯的回答，接着解释道："愿景并不是关于说服某人同意你的愿景，而是关于创建一个共同的目标或者基于人们相似想法的未来行动方针。"

"我们首先要做的是与他人分享自己的愿景。"在讲的同时，我在白板上画了一个大圆圈，并在圆圈内写下"我的愿景"。

"接下来，我们需要聆听和理解同事们的愿景。"我说的同时，在第一个圆圈旁又画了一个圆圈，在圆圈内写下"你的愿景"。"两个圆圈交集的区域就是'我们的愿景'（如图4-1所示），识别这个区域到底是什么就是我们今天共聚在此的原因。如果我们能明确这个区域，明确该区域包括哪些想法和愿景，那么尼日利亚配套有限公司内部的协同效应将得到发挥，各工厂之间的合作推进也将会毫不费力。"

九个参会成员中的大部分成员对如此提升沟通的想法报以微笑，甚至包括塞西莉亚，那位抱着糟糕的心态来到工作坊，只是期待一份免费午餐和几杯咖啡的女士，现在似乎也被激起了好奇心。伴随着团队的热情高涨和渴望，是时候开始引导工作坊了。

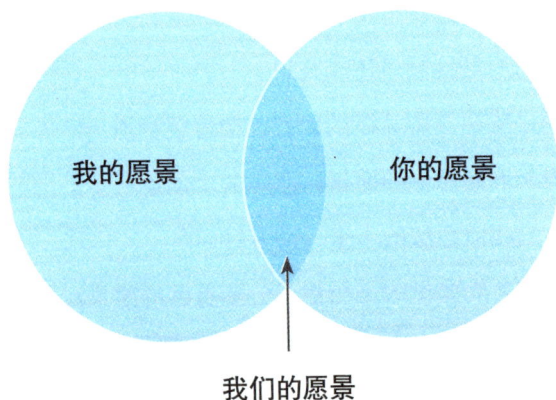

我的愿景　　　　你的愿景

我们的愿景

注：我们的愿景指的是个人愿景和想法交集的重要区域，并让该区域变得更大。

图4-1　我们的愿景

为更好的将来许愿

"好了，所有的人，现在我们要进入许愿时刻。哪一位可以替我完成下面的许愿例句'如果……，那将是太棒了！'？"

在等候某人来完成许愿句子的同时，我把"如果……，那将是太棒了！"写在了会议室前面的白板纸上。

艾德第一个完成了句子的填写。"如果我工作时不要花费太多时间在纸堆里，那将是太棒了！"

"艾德，你是个会计师！你应该知道在你接受这份职业时，你就注定一辈子要和纸打交道啦！"埃斯特反击道，接着也说出了她的愿望："如果这个团队能时常聚在一起，那将是太棒了！你们中的几位距离上次见面都好些年了！"她一边大声说道，一边看着约翰和摩西。

威尔弗雷德补充道："如果尼日利亚能赢得足球世界杯冠军，那将是太棒了！"

在我继续解释许愿如何进行之前，好几个人立刻欢呼同意威尔弗雷德的想法。

> **这个案例中的许愿活动是点子交换的起始点**
>
> 　　许愿活动被广泛应用在愿景工作坊中或者用来帮助团队创建共同目标。有许多不同的"许愿句式"可以运用。以下列举了一些常见的句式。
>
> - 我希望……
>
> - 在未来，我想要……
>
> - 如果……，那岂不很好。
>
> - 如果在未来十年里……，那将是十分美妙的。

　　"这些都是非常棒的愿望，但一些许愿确实比其他人的更容易实现，比如世界杯。并非我对尼日利亚足球队的不敬，至少尼日利亚足球队能常常参加世界杯，而对于我亲爱的芬兰来说，这远远超过我所能对他们的希望了。不管怎么说，期待足球队夺冠也是一个非常棒的许愿。此刻，你已经开始许愿，宏大的愿望不仅仅应该是可以的，而应该是被鼓励的、受欢迎的。一个愿望不需要很有逻辑，它是直接来自你内心深处，是真正能让你变得不同的愿望。这些，也是我们尝试造就尼日利亚配套有限公司的愿望。"

　　我用手指着写在白板纸上的句子"如果……，那将是太棒了！"我已经做了一个小小的改动。现在读起来是：如果尼日利亚配套有限公司在未来五年内……，那将是太棒了！

"现在，所有人花五分钟时间，将许愿中的个人替换为公司，提出你对公司的最大的愿望。这些愿望是绝对没有限制的，我只有两条指导原则告诉大家：第一，你有五分钟的时间写下愿望；第二，既然是个人思考活动，期间不能交流。"

每个人开始在他们的纸上快速地写下了愿望。不一会儿，拉各斯化妆品工厂的经理夏娃·艾比表示了她的担忧。

"牛培生，我不认为五分钟时间足够把所有想法写下来，因为我有太多愿望了！"

我告诉她如果必要，我会给她额外的时间，我向她和其他人保证，不用担心是否有足够的时间把愿望都写下，而是在五分钟之内写下他们所能写的。当萨姆、埃斯特、亚历克斯和其他团队成员写下他们的愿望时，我借此时机在会议室四处走动，看看大家是否有疑问，也看看一些正在被写下的愿望。艾德的愿望是"我希望与其他工厂和部门分享资源，这会令人感觉良好。"约翰的愿望之一是定期举行协同会议，这将对尼日利亚配套有限公司的战略形成起着重要作用。塞西莉亚追求卓越，她的愿望就是希望公司在涉及的所有市场中成为无可争议的领导者。

在五分钟即将用完时，我往威尔弗雷德的纸上瞥了一眼，我看到他的愿望之一是要发展完善一个强大的人力资源部门。

请骄傲地"偷"

在个人阶段，每个人似乎都满足于他们想出的愿望。现在是时候开始偷点子了。

"好的，所有的人！到现在为止，都还不错。从你们快速地书写中，我注意到一些愿望，我十分确信这些愿望是伟大的。不过，此刻，真正的奇迹才刚刚开始，是时候让我们骄傲地去'偷'了！"

在向团队成员说明个人环节的目的是在自己的纸上写下一系列最佳愿望之后，就要开始骄傲地"偷"了。此处用"偷"这个字而不是"鼓励"一词并不是件坏事，它会帮助大家理解各自想法并做出优先排序[1]。接着，我促使所有成员组成三人小组。在这个部分，我决定让大家自由组合，没有给出如何分组的特别指令。不过，有时告知其特定的数字，接着根据特定的数字进行人员分组，也是一个不错的方法。但这个工作坊只

---

[1] 骄傲地"偷"意味着什么以及其背后理念的具体解释可以在第三章找到。

有九位参与者，而且大部分人相互并不熟悉。这就意味着只与朋友在一起或者形成特定帮派时出现的问题在此时并不存在，因此，在这个案例中，简单、易懂、易执行的指令是可行的。

"好了，看看你的四周，找另外两人形成新的三人小组。一旦小组成员确定，请坐在一起，开始彼此互偷愿望。"

三人小组很快形成，他们立刻开始偷愿望。我还没来得及庆祝工作坊进展得如此顺利，忍不住向世界宣告我是最棒的引导者，一场争论就爆发了。

两个大嗓门响彻会议室，他们是塞西莉亚和摩西。摩西管理着纺织品工厂，他极力反对塞西莉亚所说的观点，他刚好说道："那就是你的愿望？好吧！那么我对你也有这么一个愿望！我希望你……。"

在摩西说完一些可能会引起人力资源写一份长长说明报告的话语之前，我婉转地打断了他，也拯救了一旁的夏娃，塞西莉亚和摩西小组的第三位成员。

"嘿，两位。有什么地方我可以帮助你们吗？"

"你可以试着帮忙，但是我不确定是否管用。塞西莉亚刚刚告诉我，她的愿望基本上是要求彻底消除和关闭我的工厂。如果她的愿望实现，五年内我将不再是公司的一员！牛培生，你说我该怎么办？"

我转向塞西莉亚，她回复说："他说的不对。我的愿望是希望在我们所涉足的市场中，尼日利亚配套有限公司成为该市场的领导者。如果你认为这对你和你的纺织品厂是不可能的，那么抱歉了，最好的方式就是清除。牛培生说过我们的愿望应该宏大些。威尔弗雷德早些时候就许愿尼日利亚足球队能赢得世界杯冠军！这是我的愿望，摩西，我无意冒犯你。"

"塞西莉亚，我之所以感到被冒犯了是因为我的工厂和纺织品生产的重要性并不仅仅是成为市场领导者所能衡量的。我们在当地市场排名第三已经好多年了。但是我们与前两名的公司的差距不是很远，而且我们的成本支出只是他们的一小部分！你应该知道这些。如果你是一个具有商业背景的女性，哪怕只有一丁点儿，那么你就会知道为什么你的愿望是错的了！"

"亲爱的朋友们，我们来到这里不是为了争论。如果你不赞同别人的愿望，你可以说明原因、解释清楚你的观点。简单而言，你不需要偷任何你不喜欢的点子。"平息了这场争论后，大家又持续交流了好几分钟，直至换组。

"到目前为止，一切顺利。现在是时候带上你'偷'的新愿望，寻找两位新成员，继续偷。看看周围，寻找两位今天还没在一起交流过的，形成新的三人小组。"

根据我的指示，每个人行动迅速，新的小组很快形成，开始了第二轮偷。点子交换的核心原则——骄傲地"偷"，正在起作用，我能看到每个人积极地参与热烈的讨论之中。我也听到一些愿望的争论和完善，也有新的愿望产生。

又过去了几分钟，我告诉每个人再寻找两个还没交流过的同事，形成最后一个新的小组。在第三轮偷之后，我要求所有人都留在现有小组中，试着精简今天产生的最佳愿望。我要求他们以小组为单位，三人讨论选出公司的最佳愿望。一旦大家达成一致，请将愿望写在大白纸，然后把愿望贴在会议室前面的墙上。

没过多久，十张大白纸被贴在了墙上。每一张都代表着一个重要的愿望。每个人都花了些时间读出愿望。所有人都对其他人寄予公司的真正期望表现得兴趣十足。

在点子交换的小组讨论期间，重复交流已经帮助他们产生了最佳愿望。是时候对产出的愿望根据重要性原则来做一个排序。为了进行投票，我觉得我应该用到一样几乎每个人都会喜欢却永远不会嫌多的东西——钱。

一起来优先排序

为了让整个团队能就会议室前张贴的最重要的和最佳的愿望达成一致，我需要使用一个优先排序的工具。我选择使用一个我最喜欢的工具，我称它为"10美金投资法"。在这个环节中，每个小组会分配到10美金，用于投资会议室前张贴的众多愿望。所有的钱可以投资给一个愿望，也可以分散投资给不同的愿望，如果你觉得没有值得投资的愿望，你甚至可以不用投资任何愿望。

"现在，你们已经为尼日利亚配套有限公司产出了你们最好的愿望。"我一边看着会议室前张贴的愿望，一边说道："我们现在要做的就是更进一步，试着就这些最佳愿望达成一致。"

我正要继续说时，约翰插话说："牛培生，这可能野心过大了吧！我想你已经注意到会议室前张贴的众多愿望差异很大。其中一个愿望是更关注人，另一个愿望是关于更好地沟通，其他的则是关于业绩表现以及产品品质的。"

约翰继续说道："让事情变得更困难的是，我们所有人都各不相同。我们对应不同的市场，生产不同的产品。我们虽然聚集在公司的旗帜下，不过，我们同时生活和工作在不同的城市。"

"约翰，的确不易。但是你看看，仅仅在过去的几个小时里，你们已经取得了多少成果。我们在一起还没到一整天，你们九个人已经为尼日利亚配套有限公司贡献了众多重要的愿望。约翰，它看起来确实困难，不过让我们一起看看接下去会怎样，如何？"

约翰同意了，团队的其他成员也点了点头。

我继续往下说，试着减少大家的疑虑，并阐明大家将如何对愿望进行优先排序。

"所有人现在要做的是为你自己找一个搭档。我会给每对搭档 10 美金，让你们对会议室前张贴的愿望中的四个进行投资。这里没有任何规定钱应该如何投资。所有 10 美金可以投给一个愿望，也可以分散投给不同的愿望。此刻的目的就是把钱投给你认为最重要的愿望。不过，搭档双方需要同意如何投资，所以，请两位自由交流、辩论；请定义、调整及澄清你投资选择背后的逻辑，如果需要的话。既然我们的参与人数不是偶数，那么我们中有一个小组将会是三人，该小组有 15 美金可进行投资。你们一共有 12 分钟的投资时间，现在开始。"

各种声音再次回响在会议室内，每一对搭档都在细心周到地进行解释和说明。借着讨论之时，我为各个团队在白板纸的表格上画了一列，以便讨论结束后，组员代表可以将投资结果写在上面，保证会议室中的每个人都能看清楚。

10 美金方法投资结果：尼日利亚配套有限公司四大愿景要素

· 在未来五年内，各工厂和部门之间能真正实现联合统一，那将是太棒了（$13）；

· 在未来五年内，公司在非洲各个国家的业务中成为关键角色，那将是太棒了（$12）；

· 在未来五年内，公司在商业开展时更具人性化的一面，那将是太棒了（$9）；

· 在未来五年内，公司在品质上能成为领头羊，生产的产品被公认为最优产品，那将是太棒了（$7）。

一个接一个，每组代表来到会议室前，在白板纸上写下他们的投资决定。每组的投资结果都不相同，这并不意味着达成共识。在这里，愿望如何优先排序与愿望如何投资是有差异的，而这个差异是无关紧要的，重要的是，在愿望上投资的钱所体现出的共同趋势：建立一家更为统一的公司。这就是 10 美金投资法和其他优先排序方法期望取得的效果：一个共享的点子或者思考中的共同趋势，并非要达成一致。

关于这个结果，我需要给参与者提供一个个人反馈的机会。有时候，在小组讨论中，持强烈意见的个人会替代整个小组成员做出决定。这也是为什么需要整个团体成员的反馈，既是了解团队成员对结果的理解程度，也可以检核排序结果是否真实地反映了团队的意识和观点。在尼日利亚配套有限公司的工作坊中，我使用了五指法，为每位参与者提供一个机会，用1~5分就投资排序的结果进行评估。我向大家解释了五指法是如何操作的。

"除了其他投资较少的愿望之外，这里很明显投资主要集中在四个愿望上，我把这些愿望称为'我们共同愿景的核心要素'。现在，我邀请大家评估这些愿景要素，并用你们的手指进行投票。一根手指代表你厌恶；两根手指代表你不喜欢；三根手指代表你还能接受；如果你喜欢，就用四根手指表示；如果你超喜欢，那就请用五根手指表示。"

然后，我数到三，要求参与者伸出他们的手指。所有人对愿景要素评估给出了四分和五分。接着，我邀请参与者就给出的分数详细说明缘由。

萨姆·阿德巴约，大老板率先说话了："我给出五根手指。当我看着会议室前大家选出的愿景要素，我真是爱上它们了。

我希望公司更具人性化，我也希望我们的员工和有价值的人更为统一、团结一致地工作。我们团队成员又有谁不希望提高产品品质，成为市场的领头羊呢？我同意联合统一最为重要，因为实现它就能获得溢出效应，也促进了其他三个愿望的达成。"

萨姆的同事们都赞许地点了点头。亚历克斯是最后一个发言的人，他补充说："我给了四根手指。我喜欢这些想法，我也同意阿德巴约先生所说的。可是，说说这些我们想要的愿景是很容易的，像今天这样，而且是在专业人士牛培生的帮助下完成的。但是一周后我们能否记住这些愿景？一个月后呢？"

亚历克斯怀疑团队产出的最佳点子是否可以被牢记，并坚持围绕着它们展开行动。这刚好是个完美契机转移到我已经计划好的工作坊的下一个阶段。于是，我又参与进来了。

让结果令人难忘

"谢谢阿德巴约先生，也谢谢每一位的反馈。困难的工作已经完成，接着来处理亚历克斯的担忧。你们已经成功地产出了尼日利亚配套有限公司将来可以为之奋斗的愿景要素。不仅如此，你们还设法对它们优先排序并达成一致，那是非凡的成果。不过，既然你们拥有了未来愿景，我们需要让它变得令人难忘。是时候做些有趣的事了。我打算将你们分成三人一个小组。基于我们选出的公司愿景要素，我会给每个小组一个创造性的任务。埃斯特，请你挑选两位可爱的同事，你们小组需要结合公司的愿景要素写一个愿景宣言。"

埃斯特和她的团队成员没有浪费一点时间，直接开始工作了。

"威尔弗雷德、摩西、塞西莉亚，你们小组要写一个剧本并演出这个剧本，这个剧本需要展现 5 年后愿景要素对公司员工而言看起来像什么。"

伴随着笑声，威尔弗雷德和他的团队成员开始头脑风暴，为他们的短剧本想主意。

剩下的小组人员看上去有些质疑，不知他们会得到什么样的创造性任务。我取出一大箱子的乐高积木，立刻消除了他们的疑问。

"然后，你们这组成员就可以呼唤一下你内心的小孩，玩玩乐高积木的搭建。想想如何通过乐高搭建展现公司新的愿景？"

我想，当我要求他们的时候，他们可能有点不知所措。但是既然我清楚地向他们就活动目标做了解释，他们也很快理解要点并跟着指示开始实施。

给出各个指示后，我借机驻足观看了各个小组的进展。乐高积木被一块块堆砌起来了，钢笔正在书写着未来的愿景宣言，潜藏已久的演技也正在浮现。半小时之后，我再一次把大家召集在一起。

"现在，好玩的部分来了！让我们看看各小组都准备了什么。哪个小组乐意第一个呈现？"

三个小组一个接着一个地来到会议室前，展现他们各自的丰硕成果。负责演出短剧的小组展现了愿景的如下一幕：南方的一个工厂在订单完成到一半的时候机器发生了故障。数小时内，来自其他工厂的员工积极地试着给予帮助，通过加班工作，缓解了工厂压力。机器故障的替换部件已从北方的工厂快递出来，而这些部件是北方工厂机器维修的备用配件。

演出完毕后，屋内充满了掌声和笑声。下一组，乐高建筑师们来到前面，手持一个乐高搭建的大平台。约翰，其中一位乐高建筑师，说明了他们小组的创意。

"如果你们仔细看，你们会注意到六栋绿色的建筑。他们代表着分布在尼日利亚的六座工厂。最大的建筑是萨姆、埃斯特、艾德工作所在地，公司在拉各斯的总部。现在，来看看这神奇的一切吧！看看这里的每一条线路，每条都连向哪里呢？它们联结着我们整个公司。这些线路从一个工厂延伸至另一个工厂，同样向其他方向延伸。瞧这里！这条线路通向了天空。这意味着不仅仅是我们相连，而且与我们的国家，乃至整个非洲市场相连。"

掌声再次响了起来。最后，由剩下的一组展示未来的愿景宣言。埃斯特清了清嗓子，朗读起来："尼日利亚配套有限公司是非洲市场上的冠鹰，作为团结统一的家族，翱翔在竞争的天空之上。"

会议室里欢呼声四起。萨姆·阿德巴约先生显得特别兴奋，大声说道："嘿！伙计们，你们真是太棒了！我真想立刻把它放在公司的网站上！"

我必须承认我感觉有点像局外人。我以前从来没有听说过冠鹰。它听上去好像是 J.R.R 托尔金小说中的东西。我不明白为什么这样一句宣言会引起如此强烈的共鸣。所以，我就问了缘由。

萨姆说："牛培生，你知道尼日利亚的国鸟是什么吗？"

我确认我不知道。

"国鸟就是冠鹰。在我们国家，它有着特别的重要意义。"

威尔弗雷德，那个希望尼日利亚足球队获得世界杯冠军的疯狂的球迷，他插话道："我们国家许多运动队几乎一直称为'冠鹰队'！就我们而言，它是公司伟大的象征！"

当埃斯特进一步解释后面的愿景陈述后，我逐渐有了更深刻的理解。

"我们都知道这个鸟是国家的象征，但是你们知道究竟是什么让这只鸟如此与众不同吗？"

除了埃斯特的小组成员，其他人似乎都没有头绪。

埃斯特继续说道："冠鹰，我们的国鸟，它之所以特别，是因为它花了更多时间在家庭中。大部分的鸟类，包括其他一些鹰类，它们只有在孵化和喂食雏鸟的前几个月时间与家庭成员在一起。不过，冠鹰要花上一年半的时间与家人相处。作为一个团队，我们应该像冠鹰一样更紧密地团结在一起。我们希望一起工作，飞翔在竞争对手之上。作为一个公司，我们也希望能像冠鹰那样！"

　　在当天最后一个练习活动中，小组产出成果的分享，好比一个乐章最后结束时的璀璨的高音结束符，宣告了工作坊的结束。我知道，冠鹰像联合团队一样翱翔在拉各斯上空，公司产品从冠鹰嘴中产出，这样的画面会印刻在我的脑海中一段时间，我相信那个更加团结统一的尼日利亚配套有限公司的重要愿景也会被牢记在所有参与者的心中。

分析：这里发生了什么？

　　尼日利亚配套有限公司工作坊的目的是勾勒出领导团队期望的公司未来。公司未来的愿景应该是什么？在展开引导活动或使用引导工具之前，我要确保团队成员明白共同愿景是什么。我通过许愿活动引出个人愿景，不要求与他人的愿景百分之百一致。愿景工作坊不是强求所有团队成员有相同的想法，而是寻找各自愿景中的相似点和共同点。这个环节很重要的是一开始就向团队成员解释清楚这一点，可以避免之后潜在的争论。因为人们总想试图说服对方接受自己的观点。在最后，你会发现这有多重要。同时，愿景中的共同点可以在未来的工作坊中被应用，制订相应的战略和行动计划，将愿景从想象转变为现实。

用了哪些工具？

在尼日利亚配套有限公司的创建愿景的工作坊中，我结合了多种引导工具。我希望这么做可以取得这样一些成果。第一，我希望创建一个大家从开始就愿意表达他们期望的工作环境。有时，让一些人在当前时刻回顾过去，展望未来，这本身就是挑战，特别是在当前工作环境中还面临各种问题时，挑战就更大了。

通过许愿的活动，我鼓励每个人表达各自对公司的愿望。正如许多人是由精灵和仙女教母的祝福许愿的故事伴随着长大那样，每个人都与许愿有着各种联系。在许多地方，人们在过生日或新年伊始时都会许愿。因此，我发现，这个活动是直观的，是一个很好的工具，能帮助人们表达对公司或者对工作生活的未来愿景。

许愿活动在个人思考活动中也被运用了，这就意味着每个人可以按照自己舒适的节奏进行，活动中也不会有交流对话的压力。

一旦个人许愿结束，就开始以小组形式"偷"点子，并在团队阶段最终粘贴告示。然后，我用10美金投资法进行优先顺序排序。10美金投资法的目的是让人们就什么是最重要的点子达成共识（在这个案例中，点子就是指公司的愿望或者未来愿景）。在 10 美金投资过程中，团队成员可以通过如何分配金额来决定点子的价值，甚至他们可以不进行任何投资。我一直用双人配对或小组的方式让参与者进行优先排序，目的就是确保他们多一次充分谈论点子价值的机会。

向团队要反馈

就我而言，作为引导者，对于团队选择结果，我要确保明白团队成员他们对排序选出的点子的理解和感受。所以，我总是会花时间寻求团队的反馈。五指法就是寻求反馈的一种方法。首先，我要吸引整个团队成员的注意力。然后，我要求大家面对团队选出的点子认真地去感受一下。他们是否支持这些点子？接着我会指引大家把手举在空中，根据他们的感受，伸出手指数。五根手指意味着完全支持或同意，他们非常喜欢讨论产出的内容和结果；四根手指表明他们喜欢，而三根手指则表示还可以，或者说还能接受；两根手指意味着他们不喜欢这样的结果。只有一根手指则表明强烈不赞同，甚至厌恶。我使用五指法的工具，并不是希望看到团队反馈完全一致。相反，我希望看到一些不同。五指法的目的是获取团队的反馈，允许人们表达不同的观点。有时候在小组讨论阶段，特别是选择想法和达成小组共识阶段，强烈的个人观点会主导讨论结果，把他人的观点排斥掉。五指法让每个人的声音有机会再次被倾听。
如果团队对产出的结果并不满意，我们可以回溯到点子选择的
阶段，或者在一起进行讨论，也可以在产出内容的小组内讨论。

图 4-2 五指法示意图

当所有的手指都举起来后，为了知晓团队的整体状况，我
会先邀请参与者猜测一下他们看到的手指代表的平均值。然后
我会邀请一位给了"五指"的人给出他的反馈。接着，重复邀
请一人给反馈，"四指""三指""两指"，最后是"一指"。

五指法可以让我知道每个人对工作坊结果的感受，团队产

出的内容让我明白工作坊进行得是否顺利。但是，如果没有运用五指法去获得个人层面的反馈 [1]，那么我们对工作坊成效的评估也是不完整的。

在结束工作坊前，还有一件重要事情，那就是我给每个小组布置了一项创新任务。这些任务不仅仅是让大家开心和欢笑，更是为了让今天的内容难以忘怀。一场伟大的交流会谈可以持续好几个小时才结束。但是，忘记一个用语言表达的想法比忘掉一个短剧或一个乐高建筑所表达的想法要容易得多。

每个小组布置的创新任务是不同的，这样小组之间就不会有竞争的感受。这个想法不是为了创建最棒的乐高建筑，而只是简单地为了创建。这既是缓解压力，让人们变得欢快，也是让主题分享更容易引起大家关注的方式。每个小组就相同的主题发言，这样做虽然会产生重复，但重复可以确保理解、加深内在认知、增强记忆。而通过表演、乐高搭建、愿景宣言的不同方式既有娱乐性，又能吸引每个人的注意。

---

[1] 关于反馈的重要性以及如何运用五指法的更多信息可以在第三章的最后部分找到。

为什么使用点子交换?

让许愿活动、10美金投资法、创新任务变得高效的背后就是点子交换。它好比其他引导工具的核心支柱,支持并强化了引导工具的效果。

今天工作坊的目的是寻找人们战略愿景的共同点。点子交换的方法允许个人想法的呈现,然后在个人想法的基础上通过重复对话不断产生新的想法。骄傲地"偷"是鼓励人们在决定吸收这个想法或者放弃这个想法之前首先理解这个想法。打破原有小组,重新组成新小组就是为了确保这些想法在不断分享和偷的过程中被完善。所有的这些意味着愿景的交集区域扩大了。随着想法的不断分享、完善、被偷,我的愿景圈和你的愿景圈中各自独立的区域在减少,与此同时,我们的愿景——团队共识的区域在不断增加。

点子交换的要点总结

创建愿景工作坊使用的工具和选择的原因

· 定义共同愿景：确保每个人在开始前认知相同。

· 许愿活动：直觉的，每个人以前都许过愿望，一个让人们分享激情、梦想的好方法。

· 点子交换：核心方法，创建团队共识。

· 10 美金投资法：点子优先排序，倾向于两两讨论或者小型组别讨论，增进理解。

· 五指法：评估结果，聆听个人的反馈。

CHAPTER 5

第
五
章

问题解决

准备阶段

接下来的案例将会带领我们来到位于中国北京总部的静音零件公司。该公司主要制造内置扬声器和为消除耳机噪音所使用的各式各样的小器件。这些耳机是由一些世界知名的大型电子器件公司生产的。静音零件是一家多元化的公司，在中国有三个工厂，办公总部位于公司发源地德国。这家公司需要外部支持，他们召集了15位经理和部门负责人一起参加问题解决工作坊。工作坊是由外部引导者牛培生先生带领，目的是找寻中国三家工厂近期产量下滑的原因。

这里，先让我们认识一下哈利，静音零件公司的首席运营官，他是这一章的主角。哈利看着其他参与者逐步走入会议室，便开始担忧起来。

"我真是不理解，为什么要特别召开这个会议来讨论如何能搞定生产的问题。"哈利喝着早晨的咖啡，自己默默地想着。

"如果是因为我们工厂产量降低的问题，那么我们需要做的是激励工人或者计划增加工作时间，而不是在公司总部召开一个内部的讨论会。"哈利考虑了很长时间才从他的想法中抽离出来，转而向着财务部的莉莎微笑招手，还有来自法兰克福的销售经理迈克·韦斯。在她们挥手示意后，哈利又陷入了沉思。"至少我可以看到几位通常只有在年终会议才能遇上的总部的人。噢！快看！那不是人事部门的琳卡吗？这整个引导工作坊就是她的主意……当会议进展不顺利时，至少我知道该责怪谁了。"最后一个想法让哈利感觉舒服多了。

哈利继续环顾四周，看看还有谁被召集来开会。他的眼神落在了一位不熟悉的人身上。当这个陌生人站起来，向大家打招呼时，哈利想：这个人必定就是引导者了。

"早上好！我的名字叫牛培生。我是一名引导者。今天由我来协助大家。首先，我要感谢你们邀请我来这里。我非常高兴来到北京，它有点像我来自的城市——芬兰的赫尔辛基。两座城市都位于北方，它们都是非常美丽的城市……也许这里的食物更香更美味。"

"关于食物，没有'也许'啦！"莉莎喊道。

大家也因此笑了起来，甚至连公司的总裁叶先生也微微笑了一下。

牛培生继续说下去："据我所知，今天我们相聚在此试图找出产量下滑的原因，是吗？"

　　"我可以帮大家省点时间，因为我已经清楚原因是什么了，生产工人就是问题点。"一个声音传了出来。它来自公共关系经理杰里米·斯蒂芬斯。

　　中国工厂的生产经理本杰明立刻反驳道："嗨！算了吧，杰里米！问题哪有这么简单！我的工人们一直都在努力地工作着，他们还将持续做好本职工作！"

　　牛培生插话道："好的。我很高兴见到大家对讨论此话题的热情。既然你们对问题产生的原因好像持有不同观点，那么今天的工作坊似乎也变得更有意义了。如果你们对产量下滑的原因是什么不能达成一致，那么你们也无法解决任何问题。今天你们想要解决的问题就是各工厂产量下滑,这么说正确吗？"

　　牛培生把"产量下滑"写在会议室前的大白板纸上。本杰明、杰里米以及团队其他成员都点头表示同意。

使用根因分析法

"在你们面前有纸和笔。首先，请在纸上写下今天我们在此讨论的主题：产量下滑。也许，你们会简单地认为产量下滑就是需要解决的问题，但我却不这么想。我想它只是一个更重要问题的征兆，有一个核心的问题导致了产量下滑。就像流鼻涕是流感的表象，是不必要的附属产品，产量下滑也只是某个更大问题的表象。为了识别真正的核心问题，请先思考一下静音零件公司产量下滑的原因，是什么导致了这个问题？产量下滑背后的因素会有哪些？答案没有正确与错误之分，就从大家各自的角度来思考问题的原因。当你们想到了背后的原因，就把它写在纸上，位于产量下滑的下方，然后画一个箭头将两者连接起来（即背后的原因和产量下滑）。既然这个原因是导致产量下滑的因素，那么箭头方向就是指向'产量下滑'。这就对我们想要解决的最初的问题有了更深一层的认知。接着，我们进一步深入思考这个新的因素又是什么导致的。当你们的思考有了头绪，就请写下来。然后继续深入思考引发新因素的原因。"

"一个问题往往不止是由一个或两个原因导致的，所以产量下滑的深层原因有多个也是正常的。在产量下滑深层的多个因素之间，也有可能相互关联，那就用箭头连接关联的因素。如果你在纸上发现某个因素与另外的因素有因果关系，也请用箭头连接这两个因素。只要你们认为合理，还可以画几个箭头来表示一个因素与其他多个因素的连接。所有的连接都代表着你们的逻辑和思考。如果你们觉得符合逻辑，那么就在纸上写下来，并用箭头表示。这个练习称为'现状树图'（如图 5-1 所示），也被称为'根因分析（Root Cause Analysis，RCA）'。根因分析法的作用就是让我们考虑的方面更广大深入，这样有可能为我们提供产量为什么下滑的新观点。现在，就到了完完全全的个人思考时间，所以不能相互交流。大家有10 分钟时间来完成任务。时间到了，我会告诉大家。然后，我们重新聚在一起。此刻，有没有疑问？"

来自研发部门的桃瑞丝举手了，她想要知道需要思考多少个产量下滑的原因。

"桃瑞丝，谢谢你的提问。"牛培生说，"通常根因分析的练习需要思考到第五层，直到你找到问题的根源。有个不错的方式表明你基本找到了根本原因。那就是，如果那个根本原

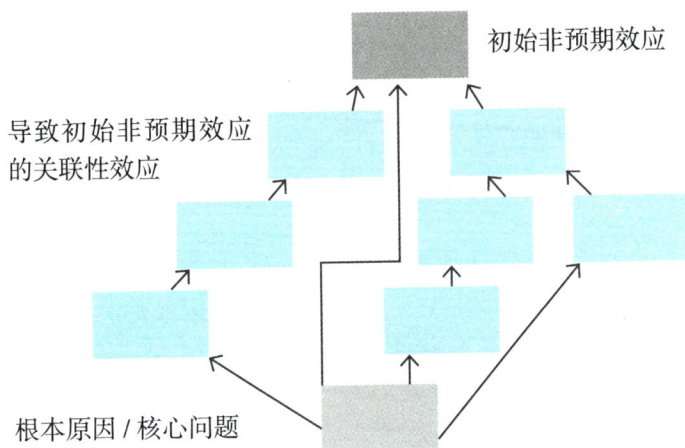

初始非预期效应

导致初始非预期效应
的关联性效应

根本原因 / 核心问题

（注意到同一层有多个因素属于正常，核心因素就会有多个箭头发出）

图5-1　现状树图

因锁定在人的某种信念或者态度上，那么你就基本找到了。通常情况下，信念和态度往往是问题的根本所在，而不再仅仅是某个具体原因了。不过，现在你不需要担心应该分析到第几层。还有其他问题吗？如果没有，那么请开始吧！"

哈利低着头，看着写在纸上的"产量下滑"几个字，思量着工作坊目前的进展，他还是没有完全融入。但是他也没有因失去期待而去责备琳卡引入了这么一位引导者。"每一个人好像有很多东西要写……，甚至连公司的总裁叶先生也正在快速地写着什么。我想我也可以开始吧。"

　　哈利绕着"产量下滑"画了个圈，接着在思考的这个问题下面划了个箭头。工作坊之前，哈利认为产量下滑的直接原因就是工人的工作量减少了。当他开始画现状树图（如图 5–2 所示）时，他意识到他开始对问题有了不同的思考。作为公司首席运营官，哈利为公司的运营牺牲了很多个人的时间、精力和内在的平和，将其投入到运营和预算的平衡中。所以，他自然地想到了财务因素。"阻碍生产的就是我们采购的所需原料一再发生质量问题。"哈利在纸上写下了"不断发生的采购问题"，然后圈起来，在下面又画了个箭头。"是什么原因让这样的采购问题一再发生呢？我们没能依赖单一可靠的供应商，取而代之的是，我们花了很多无用功不断地寻找最低价格的供应商。嗯，我猜原因就是这两个⋯⋯，也许我还能想到第三个。"哈利在纸上写到"现有供应商不可靠"，还写了一个"频繁更换供应商"。"因为公司的政策是优先考虑保守的财务方针，所以我们一直在搜寻最低价的供应商。而当前供应商不可靠的原因就可能是因为他们是最便宜的。"

　　哈利的手飞速舞动，试着跟上思绪的节奏。又过了一会儿，哈利认为他找到了根本原因，那就是公司不敢花钱。他把这一条写在纸的下方。现在他有了自己的结论。结论看上去非常明显，不过，他对自己的想法也感到有些吃惊。

产量下滑

不断发生的
采购问题

频繁更换供应商

当前供应商不可靠

总是在搜寻
价格更低的供应商

当前供应商太便宜

保守的财务方针

节约成本是首要任务
（公司不敢花钱）

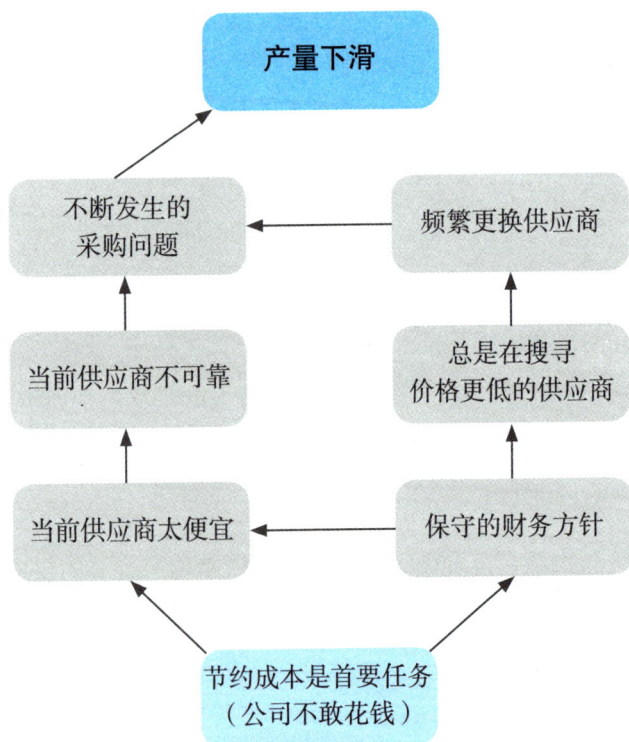

图5-2　哈利的现状树图

哈利抬起头，他注意到其他人也几乎刚好完成。

为了给大家下一步的指示，牛培生要求每个人集中注意力。

"到目前为止，大家做得非常棒！我看到你们每个人都写了不少。也许我们可以就此停下，收工了？"

15 位静音零件公司的管理者们都笑了起来。

"就此停下？我尊敬的牛培生先生，我不认为您在中国还有其他工作。我们还是继续，直到把当前的工作坊完成吧！"

"莉莎，好啦！他在开玩笑呢！"叶先生说道，并用手势提醒牛培生继续。

"所有人好像都成功地找到了产量下滑的根本原因，干得不错！但是，你们还没完工呢！找寻根本原因是有益的，也是令人兴奋的。不过，这些还并不是我们真正要寻找的。相反，我们要找寻的是你们有力量且能影响和改变的最重要的原因。为了找到它们，我想邀请大家思考一下你在静音零件公司的职位角色，然后拿起笔，在你的现状树图纸上围绕着你有能力改变的所有因素画个圈。一旦你完成了，那么你的现状树图的某些区域就有了一个圈，这个圈被称作'影响圈'。我们不是要寻找你能影响的单个因素，而是要找到产量下滑的最关键的区域。"

本杰明有个问题，他打断了牛培生的发言。

"圈出我们能够影响的部分显得十分直接，但是我们如何决定哪个因素与最初的问题（产量下滑）最相关呢？我们难道只是靠猜测吗？"

"本杰明，谢谢你的提问。实际上，有一个非常简单的方法识别哪一个因素最重要且对整个系统影响最大。还记得连接两个相关因素时让你们所画的箭头吗？寻找问题点，就是寻找箭头发出最多的那个因素。箭头越多代表这个因素对整个系统的影响就越大，也就意味着这个因素更重要。请花一些时间识别你的影响圈以及影响圈中最重要的因素。这个因素就是我现在想让你们寻找的，这个因素也可以作为你们解决方案探讨的起点。"

哈利看着他的现状树图想了一会儿，注意到在他的影响圈中，"保守的财务政策"有着最多的箭头。虽然直到今天为止，他还没想到过这与产量下滑有任何联系，但是作为首席运营官，财务政策方面却是他可以直接影响的。

偷取点子时间

"既然我们都已经找到了各自的答案，那么就让我们进入下一个有趣的环节。现在你们的任务就是从其他人那里偷取最佳点子。请与你的同事交流，理解他们提出的产量下滑的原因。当你听到这个点子不错，值得偷过来时，就请把它记录下来。"

公共关系经理杰里米提问道："我们要记录是谁的点子吗？"

"杰里米，好问题！不用担心点子来自谁，偷过来就好！正常情况下，我们被教育说不要偷东西。当然，大部分时候我同意不要偷东西，但是现在请骄傲地'偷'吧！罗列出你的最佳点子。再次强调，你们应该关注的就是找最佳点子，写在你的纸上。我们有 15 位参与者。首先，我们将会分成三人小组。我会快速地给每人分配一个数字，然后所有人站起来，找到拥有相同数字的另外两个人。"

牛培生分配好了数字，告知偷取点子的时间有 15 分钟。

接着，每个人都站了起来，四处走动，试着快速找到他们的小组成员。不到一分钟时间，分组完成，这个过程听上去就像同时开启的十几个对话。

哈利与来自广州的生产经理本杰明和公司销售部经理芭芭拉分在了一组。芭芭拉单刀直入，对着本杰明和哈利要求道："快点！你们有什么东西值得偷的，快快说出来，不要浪费时间。"

哈利一边准备解释他的点子，一边想着："喔，她还真是喜欢骄傲地'偷'的理念。"哈利说话的时候，本杰明和芭芭拉不断地记录着。他们好像对哈利所说的挺感兴趣。关于产量下滑的根本原因，芭芭拉也有着相似的观点。她的结论是公司没有为生产的需求预留足够的财务预算。这结论与哈利得出的"保守的财务政策"保持一致。

然后，注意力就转向了本杰明。关于问题原因的分析，他的想法有别于哈利和芭芭拉。产量下滑原因，他得出的结论是因为公司里生产工人们自身的价值被低估。这是他找到的根本原因。在他的影响圈中可控的因素是工人的低薪酬，特别是缺少一套基于生产效能的奖励制度。对哈利而言，这是个令他吃惊的结论。不过，在看完本杰明纸上所展示的根因分析练习中的所有逻辑关系后，这个结论也变得简单明了。

哈利意识到，自己肯定从没有想到过这个原因，但它的确也有道理。于是，他打开笔帽，决定记录并偷取本杰明的点子。

"到目前为止，大家都干得很不错。现在，我们要交换组员了，你们找两个尚未交流过的新伙伴，与他们形成新的小组。这次你们分享的时间会长一些，大约 20 分钟，请继续吧！"

安德烈·马丁斯拍了拍哈利的肩膀，邀请他一起成立小组。桃瑞丝加入了他们，新的三人小组成立了。在这一轮分享中，哈利、桃瑞丝和安德烈不仅分享了他们自己原来的点子，而且还分享了他们在第一轮小组交流中偷取的点子。哈利真心喜欢桃瑞丝分享的想法（产量下滑的问题是一个创新的问题），并决定偷取她的点子。桃瑞丝认为由于开发新的生产技术不是公司优先考虑的事项，因此公司产量正在逐渐下滑。"喔！她表达起来就像一位真正的研发部门的负责人。"哈利一边默默地想着，一边开心地偷取了她的点子。安德烈和哈利开始分享他们偷来的点子，他们之间的交流慢慢地深入了。

牛培生给出指示，让大家形成新的小组，进行最后一轮的偷取。这一轮哈利发现他与平常主观武断的莉莎和公司总裁叶先生在一起。虽然哈利通常会害怕要求叶先生分享，更不用说从他那里偷点子了，但是莉莎急着说话，打破了僵局，兴奋地分享了她原有的想法以及小组讨论中完善补充的点子。

"简单而言，产量下滑就是一个缺少关注而引发的问题。"莉莎自信地说道，"我认为工厂产量下滑的根本原因是过时的生产机器，它就是我们缺少关注的代表，或者说是缺少生产流程关注的代表。财务部芭芭拉的观点帮助我更加确信了这一点，她认为问题的原因就是在生产方面缺乏合理的预算……这也正好回应了我提出的缺少关注的观点。没有合理的预算正是因为缺乏关注！"

对于莉莎的发言，叶先生和哈利点了点头。哈利也许并不完全赞成莉莎的观点，他感兴趣的不过是在一轮轮偷取点子的过程中，莉莎最初的想法是如何进化并变得如此坚定的。

接着轮到叶先生分享他偷取的点子。他很高兴听到本杰明的想法，生产工人没有被给予足够的重视。这里不仅包括预算，还包括对他们付出成果的认可，以及对工厂生产条件的监管，以便工人们可以持续地高效工作。随后，哈利分享了他迄今为止偷取的点子。这个点子结合了哈利最初的"保守的财务政策"以及桃瑞丝的"缺乏创新"的观点。

"从根本上来说，我认为产量下滑是公司受制于自身做事的传统习惯和旧有的方法，整体而言不愿承担风险。"

聆听的同时，叶先生若有所思地点了点头。莉莎则简单地说了声："喔！"

团队达成共识

随着点子交换环节的结束，牛培生给出了更多的指示，继续引导工作坊。

"既然我们已经分享完毕，此刻我要求所有人还是留在现在的小组中。作为一个小组，你们三人需要达成一致，哪些是真正值得去解决的根本原因。如果需要，你们可以说出理由，也可以为你所认为的最佳点子而争辩。但是，最后，你们要试着形成共识，并精简你们一致认同的根本原因，每个组只需要几个。你们有 10 分钟的时间进行讨论，然后以小组为单位把一致认同的根本原因写下来。在完成此项任务后，请每个小组的一位成员来到会议室前，把结果张贴在墙上。对此，大家有问题吗？没有？！那好，就让我们开始吧！"

会议室中的每个人很快融入了讨论的氛围，空气中充斥着激烈的对话。当哈利、莉莎和叶先生讨论哪个是他们要写下的最佳点子的时候，哈利意识到他们三个人似乎想得都差不多。

哈利认为保守的财务政策是核心问题，而莉莎也有相似的观点——核心问题就是公司的部门财务预算缺乏关注。叶先生没有改变他的论调，依旧坚持"缺少对生产工人的认可"是问题的所在。他认为工人们需要更多的认可，同时承认增加工人们的薪酬、改善激励体系也是财务预算的问题。于是，他们三人达成了共识：核心问题与财务预算相关。

于是，哈利就在他们小组的纸上写下"保守／不均衡的财务预算"，并把那张纸拿到会议室前，张贴在墙上。他也趁机看了看其他小组达成的共识：缺乏创新、缺少激励的生产工人／资金不足的生产部门、没机会提出新的改善方法、规避风险的商业策略。

"有意思，我们大家得出的结论好像就是围绕着创新和预算的不同提法。"哈利想着，"我猜这是之前我们相互偷取点子所导致的吧！"

注意到所有小组已经将他们一致认同的最佳点子张贴在了墙上，牛培生再次把大家叫到了一起。

"现在，请大家仔细阅读一下墙上的点子。有哪个点子需要进行解释说明的吗？"

每个人似乎都明白墙上的这些想法，牛培生的询问也没有得到回应，于是他继续说了下去。

"还有一个步骤要实施。我们要通过签名的方式进行优先排序，请在你想要解决的最重要的根本原因的纸上签名。你可以在你想要解决的多个根本原因上签名。不过，请注意，你的签名意味着你愿意与其他同样签名的人在某个项目或某个任务中一起工作，愿意以实际行动来解决存在的根本问题。"

大部分人在"缺乏创新"和"资金不足的生产部门"上签字。

"看上去我们几乎就产量下滑背后的根本原因达成了共识。有人还有疑问吗？或者想就墙上的结果发表一下观点吗？"

交流声再次充斥了整个屋子，小组成员谈论着公司缺乏创新和倾向于坚持传统的方法，这些如何阻碍了公司的发展。对真正问题所在的理解已经达成。因为这份理解，静音零件公司的所有管理人员就有了意见一致的出发点，可以开始讨论如何继续前行的解决方案和行动计划了。而此刻的哈利几乎不敢相信，大家在短短几个小时之内所取得的这些成果。

分析：发生了什么？

据我所知，哈利、莉莎和静音零件公司现在已经不存在了。如果你正想着要购买他们公司的产品，那么我很抱歉，因为你不能如愿了，但是上述发生的案例却是真实的。在我过去引导者的生涯中，我已经上百次地遇到过上述案例的情景。

在我们回顾如何使用点子交换之前，我们需要再看看这个案例：它发生的情景是怎样的？希望达成什么成果？静音零件公司召开了一个紧急会议。全公司的工厂正在经历产量下滑，他们想知道是什么原因导致的，他们应该做什么。此时，每个人都看到了问题的表象：产量下滑，但是这个表象问题背后的原因是什么呢？往往当一家公司正在遭遇危机或者遇到突发的问题时，对个人而言，他很难后退一步来看看处境的全貌。让我们先花点时间，来回顾一下冰激凌的故事。

也许你还记得，星期天是我与孩子们可以在早餐吃冰激凌的日子。目前，我们最喜欢的口味是蓝莓味。每个周日，不论是下雨天还是晴天，早餐都是蓝莓味的冰激凌。我很享受这个时刻，因为这是我和孩子们共度的美好时光。我希望我的想法也同样代表着孩子们的想法。不过，我猜想孩子们喜欢不是因为需要亲密的情感相处时光，而是单纯地喜欢甜甜的蓝莓味冰激凌。不管怎样，想象一下，一夜之间世界上所有的蓝莓消失了，而我和孩子们并不知道。我去超市购买冰激凌时，却发现没有蓝莓味的冰激凌了！当我回到家时，孩子们已经准备好了勺子和碗一起吃冰激凌时，而我却只能开始烙饼。尽管烙饼很美味，但是它还是没有蓝莓冰激凌好吃。于是，孩子们开始哭了起来，我也感觉要哭了，因为我不想看到孩子们难受。我不想看着孩子们哭，孩子们也不想吃我做的烙饼。我和孩子们哭泣的场景往往被认为是早餐时刻的主要问题，但其实它们只是源于更深、更核心问题的不必要结果。在根因分析中，这些不必要的结果被称为"不良影响"（undesirable effect，缩写为"UDE"）。由于孩子们和我都遭遇了不同的原因导致的不良影响，这就使得问题解决变得更加困难。我和孩子们经历了各异的不良影响，因此同样的场景（我和孩子们哭泣），我们的认知也会不同。

但是，我问题背后的原因是什么，是哭闹的孩子吗？孩子们问题背后的原因是什么，是我做的烙饼吗？我们可以采取哪些行动来减少我们正在经历的不良的影响呢？这时，根因分析可以帮得上忙。

　　根因分析可以让我和孩子们超越各自的不良影响，从而看到更大的画面。当我和孩子们可以远离不良影响，我们就能找寻共同点，一起来面对问题。从共同点出发，解决方案更容易浮现出来。

　　静音零件公司的员工面临着相似的情景。他们很自然地会从自己的工作职责和工作经历的视角来看待产量下滑的问题。桃瑞丝，首先从研发部门的视角思考，产量下滑的根本原因在于缺乏创新。本杰明，一位生产工厂的经理，花了很多时间与生产工人们在一起直接工作。这样，他也很自然地会想到产量下滑是工人价值被低估的结果。

　　作为引导者，这样的场景我见到过很多次了。它也同样存在于我的个人生活中。我的视角和我的经历会引领我对问题或场景拥有自己独特的观点。如同静音零件公司的案例，为了达成一个团队的共识，使用点子交换（一个达成共识的工具）是个不错的开始。如果与根因分析共同使用，点子交换的工具甚至会更有效果。

使用了哪些工具？

六步骤建立现状树图，根因分析方法之一

· 从不良影响开始，往下建立因果关系链；

· 添加导致的因素；

· 检查相互之间的逻辑关系；

· 找到根本原因（只有导出箭头），如果一个根本原因要对超过 70% 的症状负责，那么这就是核心问题；

· 划出你的影响圈；

· 在你的影响圈中，选择一个或多个问题点。

回想第三章，我们记得点子交换的最初阶段就是个人阶段。在这个阶段，人们静默地写下了自己的想法。在任何一轮偷取点子或者小组合作之前，个人思考环节是一直可以发挥作用的。然而，在个人思考阶段有着很多保持其灵活性的空间，也就是说存在很多不同的方法让人们可以写下他们各自的主意。一个优秀的引导者的责任就是依据面临的实际情况，给出合适的指令，并且选择使用最佳引导工具。

在静音零件公司的引导工作坊中，我选择在点子交换的个人阶段让人们画现状树图。这是根因分析法的一种形式。我选用根因分析法是想帮助公司管理团队洞悉产量下滑背后的核心原因。从个人单一的视角思考问题是很自然的，也是常见的。然而，根因分析为人们提供了更全面思考的机会。现状树图的工具是众多应用在根因分析的方法中的一种工具，是由艾利·高德拉特创造的（艾利·高德拉特是商业管理领域中一个真正的传奇）。其他工具例如鱼骨图、五个为什么的运用，也可以达到与现状树图工具相同的目的。根因分析促使人们询问"为什么"，要求人们更深层地从"不良影响"思考，比如可以从"产量下滑"这样的表面问题深入探索。从一个问题点开始，然后思考其背后的原因。这样，问题点就会拓展开，慢慢地，它在整个问题系统中的位置就会浮现。使用根因分析工具的另一个好处就是它有时候能够带给我们令人吃惊的结果。就像我们在静音零件公司看到的，在一个表层现象背后的核心问题往往是不可预测的。

艾利·高德拉特的个人简介和重要著作

艾利·高德拉特（1947–2011）

· 企业管理和沟通大师；

· 其最出名的理论是他创造的"约束理论"，主要用于识别妨碍企业目标实现的因素或障碍；

· 在约束理论中，运用根本原因分析的目的是确定核心问题；

· 高德拉特介绍了不同的工具和方法，例如现状树图；

· 1986 年高德拉特成立了以自己名字命名的"高德拉特研究学院"，他的理念和遗产也得以保存下来；

· 通过阅读他的重要著作，可以更多地了解高德拉特。

《目标：持续改进的流程》（1984）

《关键链》（2002）

《什么是约束理论》（1999）

　　根因分析不是一个完美的引导工具，它也有不足之处。其中的一个不足就是它只是一个个人工具，逻辑思考只在自己的内心，没有在人们之间进行沟通。即使你和我就根本原因取得一致结论，我们也可能是采取完全不同的路径达到的。简单地说，人们有着不同的内在逻辑系统，要理解另一个人的逻辑关系是非常具有挑战性的。有时，对其他人来说似乎是一个显而易见的结论，但就你或我看起来却像是脱离了我们的现实。根因分析作为一个独立的工具直接用于小组讨论时，它就成了一种阻碍。你无法轻易地创建问题背后逻辑关系之间百分之百的共识，尤其是带领一个大团队的时候。也就是说，一个好的引导工具可以让人们更深入地理解问题，产生更多的关于问题为什么会发生的想法，找到工作坊解决问题阶段所需的正确的问题点，就像我们在静音零件公司的工作坊发生的那样。

在这里，我们一定要提一下一个小工具。我们让参与者在自己想要解决的问题上以签名的方式进行对结果的排序。你不想只留给团队一堆问题，而没有一个计划如何去解决问题。签名的排序方式可以帮助你后续组建团队或任务小组，共同探讨找寻问题的解决方案。签名排序的方法具有很强的实操性，可以方便地应用于工作坊中，也是我最喜欢的方法之一。

为什么用点子交换？

当我为静音零件公司做相应准备时，我就确信要用点子交换的五个阶段来构建一天的工作坊。虽然我使用根因分析让大家产生不同的想法，但是若没有运用点子交换，工作坊是不会成功的。点子交换阶段中不同小组的多轮对话以及点子交换的核心——骄傲地"偷"，弥补了根因分析的不足之处。正如之前所说，现状树图常常被用作个人工具，它很难应用于团队。因为对某人似乎很明显的因果关系可能对另一个人来说完全就是垃圾。好消息是，点子交换的方法可以直接把现状树图的不足抵消掉。通过让人们找寻并记录最佳点子，人们不仅需要倾听他人的点子，更需要去理解他人的想法。

如果这个工作坊中没有用到点子交换，零散的观点和个人逻辑思维之间不可逾越的鸿沟很可能就成了工作坊的产出。这就像是一个盲人摸象的故事。一位友善的动物管理员带着两位盲人去参观动物园。因为他们看不见，所以管理员允许他们进入动物的栖息地，去感受和熟悉它们。第一位盲人摸了摸动物，说它又瘦又长。于是，他宣称该动物是条巨蛇。

第二位盲人也摸了摸该动物，然后对他的盲人朋友说："这不可能是一条蛇，它又大又圆，我想它根本就不是一只动物，而是一棵树！"

动物管理员告诉他们两个人都错了，他们摸到的动物是一头大象。每位盲人都基于自己的体验有自己的想法，也因此形成各自的观点。但是如果他们讨论一下各自是如何得出结论的，那会有什么不同吗？

我相信你还记得，点子交换（Idealogue）的名字是单词点子（idea）和单词对话（dialogue）的组合。如果盲人们分享他们的经历、想法以及背后的推理,他们也许会得出结论——
这个动物是一头大象。

这个案例很好地诠释了静音零件公司的管理人员是如何
看待产量下滑的问题的。他们很自然地是从过往的经验和自身
工作职责的视角出发,思考产量下滑的问题。

点子交换的第一步是邀请人们写下自己个人的想法。这
一步,我们可以使用很多引导工具来帮助人们发挥他们最佳的
个人能力。这时,我们选择的工具无须引导层面的团队工具,
因为点子交换的后续阶段弥补了用于产生点子的个人工具的不
足。静音零件公司需要找到产量下滑背后的原因,根因分析工
具显而易见地帮助他们达成了目的。在点子交换的最初阶段,
现状树图并不是唯一的选择。有时候,其他工具可能更有效。
或者,根本不需要引导工具,直接给出指示让大家写下自己的
想法即可。如果工作坊时间有限,或者参加者已经对相关情况
掌握了充分的知识信息,或者已经在之前的团队会议中讨论过,
那么这时最有效的推进方式就是在个人阶段只给出几分钟时间
(让大家写下来),然后直接进行小组分组,互相偷取点子。
这是引导者的责任——根据情景选取最佳引导工具。

当人们开始骄傲地"偷",一会儿各个想法(由背后的逻
辑体系推动)就会相互交织,共同作用。最终,新的点子或新
的洞见也会产生,而这是使用个人层面的引导工具所无法取得

的效果。但是当个人工具和点子交换结合起来使用时，他们就会相互增强：根因分析好比是肌肉，点子交换好比是骨架。当人们在小组第一轮开始偷取点子时，不同人的想法就会混合，新的点子就会产生。然后，当人们在新一轮的小组中继续偷取点子时，这些点子就会进一步扩散、发展和完善，并最终转化为团队的共识。

CHAPTER 6

第
六
章

------------------ ☼ ------------------

部署会议

部署会议

在波罗的海的一个秋天：有点风，阴阴的，还有点冷。我正在波罗的海"微风号"的大型邮轮上，航行在从赫尔辛基前往斯德哥尔摩的海上。我喝着大杯的咖啡，意识到自己正在做一件自身都觉得奇怪的事。当时我正看着一份冰球服装及其配件的广告手册。斯堪的纳维亚人中的许多人对冰球是疯狂的。当他们拥护的球队获胜，他们就会开怀畅饮，为胜利而欢呼。如果球队失利了，那么他们依然会痛饮，但此时会伴随着愤怒和悲伤的叫喊声。我并不是这样的人，坦白地说，我几乎不关心冰球。而我看冰球衣、冰球鞋、冰球帽的广告手册，是因为我正在前往一个引导会议，准备为一个大型的瑞典工会（以下简称为"HAM"）进行一次引导的部署会议。这个 HAM 可不是指某种类型的三明治，而是指瑞典冰球运动服装制造商工会。

我通常为私人企业提供引导工作坊的服务。不过，既然在瑞典工作，那么为工会进行引导工作坊也很正常。在瑞典，工会有着悠久的历史。不论是在工厂还是公共部门工作，几乎所有员工都隶属于某一个工会。这对员工的帮助很大。工会积极维护员工的权利，确保每位员工享受公平对待并获得合理的报酬。在瑞典，工会对待员工是相当严肃和认真的。HAM 也不例外。

既然冰球运动在瑞典是全民娱乐的项目，其有着成千上万的会员也就不足为奇。HAM 就像一个大家庭，既独立运营，又自给自足。这也就是说，会员的会费可以满足工会运行和维护工会运营所需的所有费用。像众多工会一样，HAM 所有的服务和需求都是自己内部解决的。我知道大部分工会就像个大家庭，他们会极力地保护他们自身。"HAM 可能比其他工会的保护力更强。"我默默地告诉自己，因为我记得这个工会的领导人有个出名的外号——"铁人"。

"铁人"在一家生产冰球的工厂上班。他真实的名字叫马格纳斯·阿塞尔松。年轻时，他是一位很有希望的冰球运动员。他非常热爱这项运动，所以当他得知无法成为一名职业的冰球运动员时，他决定在冰球行业寻求职业发展，并获得了一份在冰球设备制造工厂的工作机会。传说他有提升的机会，但却一直做着艰苦的入门级的工作，不断地提着装满制作冰球所需的熔化的热橡胶的桶。他没有废话，坚定果断。因为为人处事公正，他受到工会成员们的爱戴。他热衷为工会成员的利益而奋战。

近期，"铁人"和工会中几位最高官员有个决定，而这个决定将会影响整个工会。于是，我被邀请来引导 HAM 此次的会议。我参与进来是为了帮助大约 50 人的工会代表接受这个决定，理解这个决定，并把他们真实的想法反馈给"铁人"。这个决定已经做出，现在只是需要将决定传递给团队成员，因此这样的会议称为"部署会议"。

随着邮轮准备靠岸，斯德哥尔摩也逐步进入了我的视野。此刻，我希望缺乏对冰球运动的热情不会成为我与 HAM 一起工作的障碍，我也不希望我和"铁人"之间存在任何问题。

会议开始

第二天早上，我站在斯德哥尔摩市中心一座漂亮的会议室里，50 位工会代表坐在我的前面。每个代表都是其所负责区域选出的行政官员。在前排，我看到了"铁人"。我礼貌地向这位身高两米的肌肉粗壮的"铁人"点了点头，心想：天哪！他的外号还真是符合他的身形。他也向我打招呼，不过难以掩饰他脸上严峻忧虑的表情。可以说，他对今天的会议有点紧张。他非常担心大家如何接受他即将告知大家的决定。

会议开始了。于是，我向屋内所有 HAM 成员发出问候，感谢他们邀请我来到斯德哥尔摩。

"我必须承认我对冰球运动了解不多。我希望会议结束后，你们每一位可以教我一两种冰球的知识。说到知识，我想先花点时间谈论一下今天我们为什么来参加会议。会议的目标就是大家关注的 IT 部门的组织变化，并就此创建理解和达成共识。"

在我介绍了会议日程安排以及团队如何一起工作之后，"铁人"站了起来，他想要解释一番，但是我打断了他。

"现在还没有到您正式发言的时候。我想邀请参与会议的每个人，先形成 3~4 人小组，讨论一下为什么我们来这里参加会议。每个小组有四分钟时间，现在请开始。"

与会者很快明白了我的指示，每个人在不同小组中聊了起来。我知道绝大多数人并不知晓"铁人"即将宣布的组织改变的具体细节，但这无关紧要。我只是想让大家说说聊聊，这样一大早的头脑也就清醒了。大家明白他们来此是讨论一些重要的事，否则他们不会到斯德哥尔摩来相聚。四分钟结束后，我邀请了几位志愿者分享了他们小组的讨论。

会议室后排有人举手说道："我想我们来此是讨论一些糟糕的消息。你们看看"铁人"脸上紧张的表情，上一次我见到他如此的表情是他不得不宣布削减工会福利的消息！"

另外有人喊道："不对，你错啦！消息的确重大，但不是坏消息。"最初发言的人回复说："那么，一个来自芬兰的讨厌冰球的家伙来这里干什么？如果是好消息，我们为什么需要外部人员的帮助呢？"

我，一位来自芬兰的讨厌冰球的人，回应道："谢谢你们分享各自的想法。我将会让你们自己决定这个消息是好还是坏。"我借此机会，介绍了张贴在墙上的几个问题。"在'铁人'

演讲完毕后，我会邀请你们自行思考，回答以下几个问题：演讲中，你听到了哪些关键点？演讲后，你的第一反应是什么？最后，听完演讲后，你想问你们的领导人马格纳斯什么问题？你们的答案会在小组中进行分享。"

"我们相聚于此讨论重要信息。除了你们的领导人马格纳斯·阿塞尔松自己，还有谁比他更适合分享这个信息呢？"当我说到他时，马格纳斯站了起来，走向会议室的讲台。参加人员鼓起掌来，一些人甚至欢呼了起来。

"铁人"是个好领导。从传统意义上说，他还欠缺一些个人魅力。他是个话不多的人，喜欢直截了当。今天也不例外，他的演讲直奔主题。

"今天，我们在此要宣布一个关于 HAM 的重要变化。我们位于斯德哥尔摩的 IT 团队将会外包，他们会被欧洲科技公司兼并。欧洲科技公司将会持续为我们提供技术支持。IT部门的员工可以选择搬迁至欧洲科技办公总部格拉斯哥继续为 HAM 提供服务，也可以选择接受相应的补偿，辞职离开。IT 团队中，有 18 人决定搬迁到格拉斯哥工作，两人选择接受补偿离开，这个决定即刻生效。这是基于效率考虑而做出的决定，也是为了支持 HAM 未来的发展。HAM 在成长，我们的IT 团队为了满足我们的需求需要更多的资源：新的服务器、更多人员、更好的设备。这些需求会占用了 HAM 大量的成本，因此外包给可以满足这些需求的公司，例如欧洲科技，这是一个理性的选择。"

在"铁人"演讲时，会议室里一片安静。他一讲完，大家瞬间炸开了锅。

"你不能这么做，我们是工会！"

"HAM 就这样分崩离析啦？"

"这样做合法吗？"

我尝试着重新接管会议，并向"铁人"示意退回去坐好。

"首先，感谢马格纳斯先生的发言。我明白这是一个重大的改变。我确保你们所有人的问题都会被解答。这也是我们今天为何在此的原因——尽可能高效地解答所有疑问。我想让大家先安静一下，把你们的问题暂时先放一下。"

过了一会儿，会议室里的声音慢慢地平息了下来。于是，我继续给出指示。

> **演讲前，牛培生给 HAM 提的三个问题**
>
> ·演讲中，你听到哪些关键点？
>
> ·对于演讲的第一反应是什么？
>
> ·你有什么问题想问马格纳斯？

"首先，我邀请每个人拿出一张纸，或者其他可以写字的本子。你有五分钟时间回顾一下刚刚听到的演讲，写下你的想法。请你试着回答演讲之前我给出的三个提问。现在开始，请不要交谈。"

每个人快速地写了起来。会议室里充满了紧张的气氛，许多人好像把"铁人"的发言看成是针对他们而来的。当大家都在书写时，我看到铁人担忧的神情，看上去像是生病了的样子。

"马格纳斯，你感觉如何？"我悄悄地问道。

马格纳斯以他简短的风格回应道："感觉不好。"

"好的，请多给大家一些时间。他们需要一些时间来消化信息，理解这些对他们意味着什么。我认为会议最后的气氛会是正向积极的，你也会感觉好一些。"

让马格纳斯自己思考的同时，我也开始准备工作坊下一阶段的场地。在大家忙碌地写着问题的答案时，我绕着会议室走动，在不同地点布置好了大型海报纸和马克笔。刚刚布置完毕，个人阶段的时间也结束了。我要求参与者形成三人小组，开始互相偷取点子。"在你们各自的小组中，我邀请大家分享刚刚写下的三个问题的答案。如果你们听到他人的想法蛮有道理的，那么你们就可以将它偷取过来，记录在自己的纸上。请在小组分享你们各自的想法，不用试图为自己的答案辩护或者质疑他人的答案。你们有 10 分钟时间来完成这个任务。"

用鲨鱼游戏分组

"我们马上要进行换组。我有一个有趣的方法来重新分组。这个方法的名字称为"鲨鱼"，需要三分钟时间。让我们来试一试如何？"很长时间的一段沉默，最后还是马格纳斯的健谈的秘书乌拉打破了僵局："牛培生，鲨鱼分组听上去挺好玩的，让我们试试吧！"

"好的。现在每个人拿起手中写着答案的纸，请站起来。我们来组成新的小组，但是得用一个独特的方法。可否请大家走到会议室前面来？"

椅子开始挪动，纸张沙沙作响，大约 50 人起立，来到会议室的前方。

"有人喜欢游泳吗？"我问道。

"我喜欢，但是只在有温水的泳池中。"有人回答道。

"那可不是我，我只喜欢冰冻的水。我们需要冰才能打冰球啊！打冰球才是我喜欢做的。"

　　"每年我都会跳入海中游一两次泳。很冷，但是非常爽。"有人试着开始说在冰冷的波罗的海中游泳是个多么疯狂的经历。不过，我打断了他的话，继续说道。

　　"感谢大家的回应。我也很喜欢游泳，与此同时，我也非常担心会有鲨鱼来袭。现在我们马上来玩一个游戏，并试着进行分组。我邀请所有人像游泳一样在会议室内来回走动。放松，好好地享受。因为会有鲨鱼前来袭击，所以游泳是危险的。但是当我看到鲨鱼，我会喊出一个数字。如果你们能按相同数字的人数组成一个小岛，那么你们就安全了。准备好了吗？"

　　大家开始在会议室中"游泳"。我给了足够的时间让每个人可以在会议室内四处走动。然后，我发出警报，大声喊道："三！"

　　大家开始到处乱窜，试着组成三人岛屿。我必须说我对大家表现出的竞争力有点吃惊。我甚至看到严肃的"铁人"也积极地组成了他的三人小岛，而他脸上的表情依旧非常坚定。我想这大概就是冰球精神吧。

　　当每个人都找到了安全小岛时，我继续说道："太棒了！没有人被鲨鱼吃掉，这样为我们带来了美好的一天。看看你岛上的其他人，他们就是你的小组成员。在你的小组中，我希望你偷取点子，把最佳点子写在你自己的纸上。如果你没有点子可以偷取，那么描述你感受的第一反应，或者关于关键点的疑问，都请你记录下来。你们有 15 分钟时间来完成。"

我在不同的"岛屿"（小组）周围走动，顺便听听他们的讨论。一个小组正在讨论演讲是关于什么的。其中两人在争论是否大部分 IT 团队成员已经决定接受外包并搬到格拉斯哥去。

另一个小组却闹翻天了。小组的三个成员正在大声质疑在没有 HAM 会员全员投票表决的情况下，"铁人"怎么就做出了如此决定。

"我不认为这个决定应该由'铁人'独自做出。虽然他是我们的领导，但是……"

"我们不知道他是如何做出这个决定的。实际上，我们应该就此问问他，把问题写下来。"

10 分钟过去了，我请大家都站起来，再次来到会议室的前方。我们进行新一轮的点子交换，所以参与者需要找到新伙伴来交流。我告诉大家是时候再玩一次鲨鱼游戏，形成新的小组，并从他人那里偷取点子。先进行 12 分钟时间的讨论，再用八分钟时间进行总结，将他们小组的意见写在我稍后给他们的海报纸上。

于是，大家又继续开始"游泳"。当我发布警报的数字后，新的小组又形成了。每个人也分享交流了更多。12 分钟后，我告诉团队成员们接下去要做什么。

"既然你们都有机会讨论了'铁人'的发言，我想请每个组总结你们讨论的结果，写在墙上的大纸上。稍后，小组会呈现你们的总结，所以请把字写得足够大，以便其他人能看明白写的是什么。你们有八分钟时间总结小组讨论。如果没有其他问题，你们现在可以开始了。"

每个小组开始把他们的想法写到大纸上。每个小组的记录方式稍有不同，有的小组是以完整的句子和段落汇总的，有的小组记录的是要点，我甚至注意到一个小组在他们的纸上画了一幅大型图画。所有这些记录方式都是被允许的。此时，他们最不想要的就是限制他们如何进行自我表达。让参与者感受到自由，并且可以按照他们想到的方式总结之前的交流，这是更为重要的。

在几位志愿者的帮助下，我集齐了所有海报纸，并把它们一同张贴在会议室前面的墙上。

总结，让事情变得更清晰

"大家实在是太棒了！现在我邀请所有人一起来看看这些海报纸。如果你有不理解的内容，请提出你的问题。如果他人的疑问你有答案，请自由发言解释，帮助对方理解。"

每个人都挤到海报纸周围，开始阅读内容并提问。

"铁人"立刻提出了他的问题："为什么在这张纸上画有一座着火的建筑？"

一些人笑了，挤到他的周围，来观看"铁人"正在留意什么。

一位女士给出了答案："那不是着火的建筑。它是燃烧的计算机。我画此图是想表达我们小组的疑虑——一个外包的IT团队如何让我们的系统能良好地运作？"

此刻，"铁人"明白了，于是点了点头。整个团队继续着提问与回答的过程。一些提问是由糟糕字迹引起的，或者指出了某些词的拼写错误。海报纸上的内容十分相似，这正好反映了在多次的小组讨论中，人们逐步形成了理解与共识。

当无人再提问时，我给大家布置了下一个任务。

"我们共有 16 张海报纸贴在墙上。海报纸上汇集了你们与他人讨论的关于今天演讲的所有想法。我想邀请你们形成三人小组来讨论如何总结海报纸上的内容。"

六分钟后，我问道："有谁想第一个勇敢地尝试总结一下？"

一位中年男子走上前来，他向张贴在墙上所有的海报纸看了一眼，开始总结起来。

"事实是清晰的，IT 部门会移到格拉斯哥。整个会议室里的氛围是令人感到有趣的。事实上，大部分人认为这个决定是理性的，而且是可以接受的。不过，人们也担心未来的服务质量，并且他们因为失去一些老朋友而感到伤心遗憾。同时，一些人还担心外包服务是否将会成为 HAM 的常规政策。海报纸上还有一些人列出的其他问题，这些大多数都是一些细小的技术问题，例如'当遇到紧急的技术问题时，我们要拨打什么号码？'还有一些被更广泛提及的问题，例如'没有进行工会全民投票就做出了这样的决定，有没有违背工会的政策？'"

志愿者总结完毕后，我对他表示了感谢。人们似乎对新变化有了更多理解。在点子交换阶段，人们的许多疑问已经由其他参与者解答了。

"铁人"做进一步澄清

会议还有最后一个环节：提问与解答。我邀请马格纳斯来到会议室前面，告诉大家现在就是答疑时间，由马格纳斯来回答尚未解答的疑问。

马格纳斯瞧了瞧纸上的问题，说道："大家担心的问题是工作是否有安全的保障？外包 IT 部门并不是一个轻易的决定，它也不是我们平时所做的那些决定。我先来回答大家的问题。是的，所有人的岗位都是安全的。IT 部门工作非常出色，但是为了维护他们运营、让他们为我们提供个性化服务的代价也是非常高的。工会内没有任何一个部门像 IT 部门一样需要如此大的成本支出。所以，我们没有发现工会需要外包其他任何部门，而且大多数工作也不能外包。"

"另一个大家关心的问题是，这个决定是如何做出的。许多人认为像这样一个重要的问题，我们应该投票表决。IT 部门为我们（冰球运动服装制造商们）工作。对所有人而言，大

125

家的声音被听到、被认可是很重要的。但是，这个决定真的只是一个走程序的决定，不需要进行投票表决。我们不是要决定一起罢工，或者支持另一个工会联盟，或者讨论一些政治议题。相反，这是一个关于如何使HAM尽可能有效运作的行政决定。作为你们的领导，我的本职工作就是尽我所能做出这些决定。目前，据我所知，IT团队中没有人对此感到愤怒。外包可以让他们加入专业领域的公司工作，他们自己能够获得职业化发展。那些不愿意到格拉斯哥加入欧洲科技公司的人员也会得到相应的补偿。据我所知，他们中也没有人感到不满。"

对于"铁人"所做的发言，大家给出了积极的反应。不过，另外一个重要的问题被提了出来："以前，我们办公室里就有IT人员。当有问题产生，我们可以马上找到他们，当面与他们沟通。现在，该怎么办呢？"

"这是一个好问题，但我现在还没有答案。不过，我确信我们可以便捷地找到好的替代方案。流程性和技术性的问题是重要的，但是这类问题不是立刻要解答的问题类型。我们已经记录了大家所有的问题，将会尽快给予回复。"

马格纳斯出色地完成了他的任务，解答了他能解答的所有问题。于是，我就接着说："最后，我想感谢你们召开了一个如此棒的会议，我要祝贺大家今天所取得的成果。可以这么说，与今早宣布变化的时候相比较，现在大家感觉舒服多了，是吗？"

大家都表示同意，我甚至看到"铁人"点了点头，还露出了些许微笑。

工作坊结束了，人们逐渐离开了。有些人还问我是否喜欢瑞典，是否有钟爱的瑞典冰球队。我也尽可能回答他们提出的问题，并告诉他们我非常享受每次来瑞典的时光。虽然我想对 HAM 的伙伴表现得友善些，但是我还是对冰球一点兴趣都没有。

点子交换的要点总结

部署会议的阶段

1. 开始

   · 介绍当天日程;

   · 小组讨论。

2. 演讲

   · 介绍要回答的问题;

   · 实施演讲。

3. 点子交换

   · 个人阶段;

   · 三人小组讨论、偷取点子,并进行小组轮换;

   · 三人小组小结;

   · 总结所有组的结果。

4. 答疑与感谢

   · 演讲者回答剩余的问题;

   · 感谢大家。

分析：这里发生了什么？

通常情况下，点子交换适用于帮助团队达成共识的工作坊，这个共识是通过议题的讨论，然后由团队共同确认的共识。还记得尼日利亚配套有限公司一起决定公司未来愿景的工作坊吗？还记得静音零件公司的管理团队如何一起识别问题根源的案例吗？

如果老板或者某位高管已经做出决定，那么情况就不一样了。所以，在部署会议中（有时，也称为"变革启动会"或"变革工作坊"）先对团队成员进行宣讲，说明相关的决定，公司将会发生什么变化。这是一个重要的改变。因此，工作坊需要帮助人们理解并接受基于他人的逻辑所做出的决定。与此相反，之前我们遇到的案例是团队成员提出想法，然后就这些想法的逻辑合理性达成一致共识。这就意味着在工作坊中，我们不得不创建一种"改变是合乎情理"的氛围。

> **库尔特·勒温的变革模型**
>
> 1. 解冻；
>
> 2. 变革；
>
> 3. 再冻结。

当我为 HAM 做引导工作坊时，团队成员起初不理解维持 IT 部门内部运作中存在的问题，也不理解为何决定把 IT 外包出去。因此，他们需要帮助，去理解改变是必需的。他们的态度也要调整，以便他们能接受变革。这种情况是库尔特·勒温的变革管理模型中的一个典型例子。勒温是心理学领域的一位巨匠。在他有生之年（1890–1947），他开发了许多有影响力的工具。他的变革管理模型说明了变革中需要做些什么，这可以帮助组织成功实施变革。以水的冰冻过程做类比，这个模型形象地解释了变革中发生的一切。

假装你忽然来到你的生日晚会上，你是个了不起的人，你认为你值得拥有一个不错的庆祝晚会。在你的晚会上，你想喝加冰块的冷饮，但是普通的冰块配不上你这个大人物。你想让冰块变成星星的形状，这才配得上你和你的晚会。所以，为了有星星形状的冰块，你需要做什么呢？首先你需要把普通的冰块解冻，然后把它们注入你期望的星星形状的模具中（改变形状），最后你把它重新冻结。生日晚会中的这一过程与勒温组织变革模型如出一辙。这个模型分为三个阶段：解冻、变革、再冻结。

解冻阶段，当一个新的方案呈现在团队面前时，组织内人们当时的想法和态度总是怀疑的。这需要人们去理解他们还有其他做事的方法，去明白他们无须固守当前的做法。这时，帮助人们理解变革及处理他们的情绪是相当关键的。

下一步是变革阶段，这个阶段变革得以实施，旧习惯被破除。勒温模型的最后阶段就是再冻结，这个阶段，人们体验了变革是如何带来成果的，亲自见证了变革是如何影响他们的。一些小问题或困境应该被谈论涉及，并得以解决。

我们在 HAM 工会所召开的部署会议是帮助人们度过解冻阶段，将新的变革细节告知人们。人们开始有能力面对变革的进程。

我们中许多人喜欢可预测的路径和框架，因为这让我们有安全感。而当变化发生时，我们会感觉非常不舒服。所以，非常重要的就是给我们自己一个机会，来谈论一下感受和发生的事实。

使用了哪些工具？为什么？

会议是由暖场开始的，我通过提问邀请大家谈论一下为什么他们要参加今天的会议。在此之后，我就把现场交给被称呼为"铁人"的马格纳斯·阿塞尔松，由他把工会的决定向大家宣布。在点子交换时，小组讨论的重要信息都包含在他的发言中。关于发言，我要求大家思考三个问题：

1. 发言中有哪些关键信息或重要事实？
2. 关于发言，你的第一反应是什么？
3. 听完发言后，你有什么问题要问马格纳斯？

关于重要事实的第一个问题会促使人们将听到的发言转换成他们自己的语言，因为人们总喜欢试图总结。当人们在点子交换不同的小组阶段分享这些重要事实的时候，关于发言内容的团队共识将会慢慢地浮现出来。同时，人们也会解答他人提出的疑问。整个发言或者说即将实施的变革，也许对提出它的大老板而言十分清楚。不过，人们的理解总是各不相同，所以不能想当然地理解群体层面。这就意味着部署会议的重要环节就是让人们再次回顾发言的关键内容，然后与他人分享他们对这些关键内容的理解。

第二个问题中人们对于新消息的第一反应是很重要的，因为它可以帮助人们记录下对新消息的情感反应。在点子交换的小组中分享这些情感就是一种心理疗愈，快速地帮助团队成员合理面对突如其来的变化或重大决定。人们实际上不容易觉察自己的情绪和复杂的内心感受，而通过倾听他人的感受并与他人分享自己的情绪可以帮助人们正确识别并调整自己的情感状态。识别情绪感受可以帮助人们合理地应对自己的情绪。

第三个问题是要大家写下关于老板发言的疑问。会议的重要作用就是帮助人们理解改变的发生。写下问题是为了确保所有疑虑被记录下来，并得到回复，确保没有什么重要问题被落下，从而未被澄清。

小心！鲨鱼来了！

也许你已经意识到了，HAM 的工作坊气氛是有些压抑的。最初一些人对 IT 团队外包是不高兴的，"铁人"在自己不得不向大家宣布消息时也感到紧张。我就试着用鲨鱼分组的方法来缓解气氛。反正，我也需要重新分组。所以，为什么不用游戏的方式来分组呢？有时候，要求一群成人假装围绕在桌椅四周游泳，然后躲避想象中的鲨鱼，可能让人感觉有些尴尬。但是，当我使用这个方法时，在大部分情况下，我获得了大家积极的反馈。我感觉既活跃了气氛，又达成了分组的目的，刚好一举两得。

> **鲨鱼分组法**
>
> 1. 参与者自由地四处走动；
> 2. 引导者喊出一个数字，参与者必须按相同数字的人数组成小岛；
> 3. 动作慢而没有组成小岛的人会被鲨鱼吃掉（但是，你还是邀请他们继续参加）；
> 4. 几轮后，引导者喊出下一个练习所需的理想数字，促使人们形成新的小组。
>
> 鲨鱼游戏是一个提升能量的工具，可以把大组分成不同的小组。

通过总结获取反馈和最后的答疑环节

会议的最后，我要求大家阅读每个小组在海报纸上写下的内容，然后每个人对大家刚才的讨论内容进行提炼总结。这是创建团队共同认知的一种方式。这也是我获取反馈，理解会议进展如何的一种途径。作为引导者，我需要了解每个人是否都接收到了信息，或者说是否还有许多负面情绪存在。如果团队成员依旧厌恶改变，那么我就知道还有更多工作需要展开，关于改变的发言还需要进一步讨论。

部署会议的最后一个部分答疑环节，马格纳斯解答了海报纸上罗列的问题。这是澄清各种疑虑、做深入解释的最后机会。这个答疑环节就好比一个转折点，用勒温的变革模型来说明，就是从解冻阶段转向了变革阶段。

为什么进行点子交换?

关于工作坊设计的最后一章中，我会告诉你在团队处理多议题的情境下，点子交换是个糟糕的方法。但是，在 HAM 的工作坊中，我同时结合三个问题使用了点子交换的方法。这怎么可能呢? 只有当多个问题是相互关联的并且互为结果影响的时候，点子交换才可以与这多个问题一起使用。首先，你经历了接收信息（事实）的过程。其次，你立刻对接收的信息产生了情绪反应。最后，如果还有什么不明白的，你就会对涉及的话题提出问题。这三个问题也是公平地告知会议室内的每一个人，他们可以总结他们刚刚听到的，也可以有自己的情感反应，还可以在听完发言后决定是否还有更多的疑问要提出。

点子交换也是在帮助人们消化理解发言的内容，并加深记忆。这是通过不断重复发言信息来实现的。第一次，老板进行发言。接着，在个人阶段，人们开始思考和整理老板的发言。然后进行三轮的小组分享和偷取，随后对会议室前张贴的海报纸上的内容又总结了一遍。也就是说，在点子交换的框架下，老板发言的内容以不同方式被重复了六遍！不断重复是非常重要的，因为即使发言非常简明直接，也留出了时间给予解释说明，但是不同的人还是会有不同的理解。许多时候，人们只是听他们想要听的。使用点子交换，不断重复信息，你是在帮助团队共同理解老板发言的真正含义，从而创建团队的共识。同时，点子交换也管控了团队可能提出问题的数量。人们无需向老板直接提出数以百计的问题，而是在点子交换的过程中，人们相互解答了各自的疑问，只剩一些重大的、普遍的问题留给老板在会议的最后进行答复。

在部署会议或其他工作坊中，使用点子交换的一个重要原因是它有益身心健康。如你所知，改变对一些人而言是困难的。如果在你的工作生活中，稳定的现状突然发生变化，可预见性也没了，人们可能就会心烦意乱或生气。点子交换让人们在小组中有机会谈论他们的情绪感受。在这个案例中，谈论情绪感受是通过询问大家对老板发言的第一反应是什么。相似的提问也可以是"你对发言的整体感觉如何"。点子交换以建设性的方式创造了机会，让人们将压抑在心中的想法感受适时地表达出来。

CHAPTER 7

第七章

创 新

彼得的困惑

彼得·斯玛吉感觉自己在磨牙。他知道这是他在压力下的反应，也是他在自己当前所处环境下的反应。彼得试图忽略这些症状，投入到眼下的任务中去。他看着眼前的这张纸，静静地摆放在他的桌面上。彼得是个循规蹈矩的男士，当他要做记录、写邮件、写日记的时候，他总会用标题标记每一页，今天也不例外。在纸的右侧上方，有着彼得整洁的笔记，上面写着：日期、地点和事件。

彼得·斯玛吉

2015 年 9 月 17 日

创新工作坊，引导者牛培生（Pepe Nummi）

彼得还在磨着牙，继续瞅着他的纸。这对彼得来说，是一个困难的时刻。你看，彼得·斯玛吉，一个按计划、讲秩序和可预测的男人，这一天却云里雾里、毫无头绪。什么原因呢？他正在参加牛培生引导的创新工作坊。

牛培生是受彼得公司 Darn Good Donuts（以下简称为"DGD"）的邀请，设计引导一场总部所有员工参加的创新工作坊，该工作坊的目标是共同创造新的、有创意的想法。与 DGD 总部 32 名员工同坐在会议室并不是困扰彼得的问题。困扰彼得的是牛培生布置给小组的第一项任务。彼得回想着牛培生给小组的指示。

"所有人都能看到它，是吗？"牛培生问大家的同时手中举着一张空白的 A4 纸。全体组员点头确认。于是，牛培生继续问："一张纸通常可以有什么用途？"

彼得知道答案，回答说："一张纸可以在书写或打印过程中用来记录和捕捉印象。"

"谢谢彼得。这就像是一个十分学术性的科学定义。现在我要求你们所有人思考一下，这张纸还有什么其他用途。活动指令很简单。花两分钟时间，写下所有你能想到的纸张可能的用途。现在，计时开始！"

于是，彼得的同事们开始写起来。有些人似乎有几十种想法要写，同时也有一些人以一定的速度陆续写着自己的想法，好像每个人都有着源源不断的想法。不幸的是，彼得进展得相当缓慢。40 秒后，他只写下了一个用途：一张纸可以在书写或打印过程中用来记录和捕捉印象。

时钟滴答滴答地走着，彼得感到了一丝丝的内疚，如此简单的一项任务他怎么无法完成呢？"我不适合做这个。尽管我已经给出小组'一张纸可以有什么用途'的合理而详细的定义，却还要我思考更多的用途是没有意义的，有点傻。我工作中也不需要创新，我也不是一个会创新的人……作为特许经营监管委员会的负责人，我可以有效地开展我的工作。"

落在彼得肩头的是作为特许经营监管委员会负责人的责任，他要确保每个 DGD 甜甜圈的特许经营店，达到由他亲自起草的 45 页的制度手册的要求。彼得认为他的工作就是非黑即白。他可以花几天时间在店里检查，为了确保店里原料库存的准确性，为了确保 DGD 的混合咖啡售卖时的温度是精准的 172 华氏度，这是一个配合吃甜甜圈的最佳温度，彼得甚至认为他的工作就是为了保证没有一家店老板试着搞自己创新的想法，更不要试着偏离被彼得视为通往成功的神圣文本的制度手册。

尽管彼得有着这些念头，但是他还是明白今天会议对他而言是很重要的。今天会议的目的是为 DGD 公司新产品和特许经营店的发展机会创造一些新的想法。

因为彼得无法想象出一张纸的其他创造性用途，他正变得越来越沮丧。他喝了一小口咖啡，一滴 DGD 黑咖啡就从他的马克杯里掉了下来。

彼得看着这滴咖啡掉落在纸上，被吸干了。

灵感来了，彼得把第二个想法写在了他的纸上：如果没有餐巾纸，一张纸可以用来吸收溢出的咖啡。

"好的，每个人请注意，还剩 30 秒时间！"牛培生大声说道。

快速临近的结束时间又激发彼得写下了两个新想法。这两个想法都是源自当天他喝过的饮料：如果没有餐巾纸，一张纸可以用来吸收溢出的牛奶；如果没有餐巾纸，一张纸可以用来吸收溢出的水。

牛培生告诉大家时间到了，彼得和另外 31 位 DGD 公司的员工放下了手中的笔。

"好的，每个人都至少写下了一些想法，是吗？"整个团队包括彼得在内都点了点头。牛培生继续说："让我们来听听看你们都想到了什么用途。"他一边说，一边扫视着整个屋子。

塔米卡·泰勒，供应链负责人，举着一个小小的纸天鹅，率先回答："你可以用它来折纸，就像这样。"

彼得埋怨着自己没有利用到自己对日本手工艺品了解的知识，而此时，屋里的其他同事却欣赏着塔米卡的手工制品。

"你可以踢足球玩！"DGD 公司网页的系统管理员利兹说道。她把纸片团成一个球，丢在地上，踢了一脚。

"还可以打篮球！"罗恩大声叫了出来。罗恩是 DGD 公司的首席财务总监，他兴奋地要展示他的想法，纸球差一点击中牛培生的头部。

"牛培生，抱歉！你知道我是准备瞄准那个垃圾桶的。"

然而，牛培生丝毫没受影响。"没关系。事实上，我被你们所有人的热情和创造力震惊了。很多时候，我与团队开展这个活动，人们往往会陷入思考困境，只想到 1~2 个主意。你们做得很棒！"

听到此处，彼得低头看了看他的纸上清晰列举的想法，感觉好多了。"牛培生说有些人甚至连三个点子都没想到。那么，我还不算太差。"

当彼得听到牛培生接下去说的内容时，他意识到自己根本不在乎想法的好与坏了。

"我想要让大家考虑一下人们思考创新的困难时刻。你认为他们的最大挑战是什么？"

"缺乏自信。"网络广告部负责人杰克猜测说。

"基本上可以这么说。我认为阻碍创新的主要问题是自我批评。任何主意都是好主意，特别是在像今天以创造新想法为目标的工作坊中。不要害怕，不要让评判自己的想法来限制自己。接下来，我想要看一看你们纸上写下的各个想法。有谁能告诉我纸上写下的第一个想法是什么？"

这时，有人主动举起手来。她是公司的首席执行官（CEO），希尔维亚·史密斯。"我的第一个想法是用来做纸飞机。"

"谢谢。其他人呢？"

彼得自愿发言，分享了纸可以用于书写或打印的用途。

牛培生感谢彼得的发言，询问谁还能给出一个例子，纸张用途的第一个想法。

"一张纸可以与其他纸放在一起，用于制作杂志或书籍。"乔安娜回答道。她是公司物流协调员和行政秘书的负责人。

"谢谢乔安娜。所以我们听到了关于纸张用途第一个想法的3个例子：制作纸飞机、用于书写、制作书本。我的问题是，这些想法对你们而言是全新的还是你们之前有做过或看到过的事情？"

DGD 的员工思考着牛培生的提问。随着牛培生进一步地说明，答案很快就浮出了水面。

"我想我们都同意这三个想法都来自我们的记忆。我们都读过书，孩提时候我们可能都制作过或扔过纸飞机。彼得的第一个想法告诉我们纸张核心的用途是用于写字或打印材料。当我们试着思考不同想法的时候，往往第一个想法是基于我们的记忆。实际上，创新巨匠爱德华·德博诺先生宣称：人们有三层思考。第一层是自然思考，基于我们的记忆；第二层是逻辑思考，是对已知逻辑的拓展；第三层就是水平思考，基于创新的思考[①]。我们通常在第一第二层进行思考，进入创新层面的思考是有挑战的。虽然许多来自逻辑和记忆层面的想法是很棒的，但是我们也需要尝试启用创新层面的思考。因为只有在创新层面，跳脱思维框框的新点子才会得以诞生。"

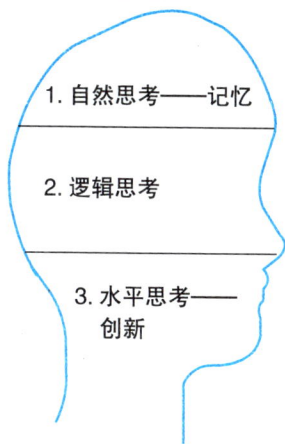

1. 自然思考——记忆

2. 逻辑思考

3. 水平思考——
创新

基于记忆和逻辑的思考层面，我们容易快速得出一些想法，但是要产生全新的有创造力的想法就会变得困难了。

图 7-1　爱德华·德博诺概括的三层思考

彼得对运用三个层次思考的概括和解释的创造性过程印

---

① 事实上，德博诺先生还谈到了数学思维，这是基于处理信息的规则。作者由于缺乏更深层次的理解，只考虑把数学思维作为逻辑思维的一种，而忽略了数学思维这一类别。

象深刻。他开始从内心深处慢慢接纳了创新工作坊，同时他也意识到自己可能对工作坊做出了一些贡献。"也许我不是唯一一个只会用记忆和逻辑思考的人。当牛培生讲到思维被卡在第一第二层时，我注意到有些人点头表示同意。既然我已经明白了这一点，我想我也会更容易提出创新的想法了！"

彼得刚刚感受到的乐观马上可以付诸测试了，因为牛培生又给大家布置了一个新任务。

水平思考

"有谁能告诉我你觉得哪种动物比较有趣？"短暂的停顿后，大家快速做出反应，好几个人同时喊了出来。

"狐狸！"

"斑马！"

"我的猫咪——胡须！"

大家咯咯地笑了起来。牛培生继续说道："非常好，谢谢你们！我想我们就用狐狸来举例吧。谁能告诉我狐狸有什么特征？什么地方让狐狸变得有趣？"

"我知道狐狸有一身防水的皮毛，它们可以生活在热带也可以生活在雪地里。"阿尔多回答道，他就是那个提出狐狸有趣的人。

"谢谢阿尔多。还有什么？"牛培生继续向大家问道。

乔安娜补充道："我知道狐狸的适应能力强，它能在各种环境下生存。有时候，我能在我家附近的城市公园里看到它们。"

罗恩第三个发言："它们有着明亮的红色皮毛且很好看。"

"好的，谢谢大家。现在我们回到纸张用途的进一步讨论中来,但这次我要你们在思考纸张用途的时候融入狐狸的特征。如何让纸制产品也具有这些特征？如何向顾客推销？请再花两分钟做个人思考。记住我早些时候说过的话,创新的敌人就是自我评判：没有糟糕的点子！"

当团队的其他成员开始写时,彼得依然握着笔,没写一个字。这对他来说是个挑战,因为在此之前他从未想过把狐狸的特征与纸联系起来。他想了想牛培生所说的,没有一个点子是糟糕的点子。于是,他开始写了起来。

"好,我可以这么干。我知道狐狸都有什么特征呢？我想它们的皮毛是防水的,如何应用呢？"

无须再进一步思考,彼得马上把第一个点子写了下来——防水纸,在牛培生召唤大家之前,彼得又陆续想到了其他主意,例如像狐狸一样的亮红色的纸,一个防水的纸质文件套。

"大家思考得如何？你们都想到什么了？"

DGD 公司的员工们非常兴奋,大声说出了他们的想法。"红白相间的纸制装饰品！""毛茸茸的纸帽子！""可以维持饮料温度的纸杯！"

"这些主意好极了。在这个活动中,你们产生的点子完全来自第三层——创新层的思考。对你们而言,把纸与狐狸的特征结合起来是完全没想到过的，但是你们出色地完成了任务。这就叫作'水平思考'。把人们从熟悉的逻辑和记忆层带离，进入创新思考层。为了进行水平思考，我们通常会运用某个特定的物体或想法来改变固有的思考模式，就像我们使用狐狸的例子一样。通过水平思考，我们可以跳出原有的思维框架，提出新的想法。既然说到新的想法，是时候从思考纸张的用途转入思考 DGD 公司，思考一些公司的新产品、新服务和新的特许经营机会上面来了。"

彼得往墙上看了一眼，在那里牛培生用胶带贴了一张大纸，上面写着：新产品或服务的点子／新的特许经营的机会点。

牛培生继续说："现在我们要结合三个层面的思考。请在纸上列举出所有的想法，来自记忆层的，来自逻辑思考层的，也试着想一些疯狂或创新的想法。我们从个人思考开始，罗列想法。每个人大约有 10 分钟的时间来完成个人部分的任务。我再提醒大家一次，没有一个点子是糟糕的点子！"

"没有一个点子是糟糕的点子。"彼得再次提醒自己。这回他很快有了想法，然后在 10 分钟内写下了 12 个点子。

偷取点子

个人思考完毕，牛培生指引 DGD 的员工们形成三人小组。接着大家在小组内搜寻并偷取写在别人纸上的最佳点子。彼得注意到自己与财务部门的两个会计，迈克和米歇尔在一个小组。

"彼得，你想到什么点子啦？有什么好点子，我可以从你这儿拿走吗？"迈克问。

"甜甜圈售货亭。"彼得自信地回答着，"现在我们将特许经营给到了店铺，所以我在想我们可以向新加盟商提供一些便捷易卖的小产品。售货亭可以就卖一些挑选过的受大众欢迎的产品，而且它便于安置，哪里都可以卖。"

"好主意！"米歇尔表示支持。

彼得吃了一惊，他还不习惯于因为自己的创新想法而受到认可。彼得开始慢慢享受起自己与米歇尔和迈克继续相互偷取点子的时光。不久，牛培生打断了大家，召集大家再次集中起来。

讲故事时间

"到目前为止，每个人都表现得很好。我关注着每个组，注意到很多点子被偷来偷去。在我们形成新的小组继续偷取点子之前，我想让大家做一个有趣的活动，快速地休息调整一下。请与你当前的小组成员在一起同讲一个故事，不过，一个人一次只能讲一句话。活动是如此进行的：一个人只说一个想法或一句话来开始这个故事。举个例子，'很久以前'接着另一个人用他自己的话继续讲故事。在你们的小组中，故事讲得越久越好。有疑问吗？没有？！好的，请开始！"

彼得没有时间抱怨或质疑这个看似有些傻的游戏背后的逻辑，因为米歇尔和迈克已经热情地投入到讲故事的游戏中了。"很久以前有个厨师。"迈克说。"这个厨师吃的菜比他做的菜还要多！"米歇尔笑着说道。他们期待地看着彼得，彼得脱口而出："因为如此，厨师非常胖。""但是他想要有个妻子，所以他需要节食减肥。"迈克继续说着。

　　迈克、米歇尔和彼得一个接一个地讲述着这样一个故事：胖厨师想要娶妻减肥，就只能连续数月吃西兰花和芦笋。最后厨师意识到他的真爱和他的灵魂伴侣就是一个果酱甜甜圈。他们三人在讲故事的游戏中玩得很开心，满屋的欢声笑语说明 DGD 公司的其他员工也很开心。

　　"太棒了！我听到了一些神奇的故事。希望这个活动能唤醒你的大脑。请每个人独自花两分钟时间思考并写下 DGD 公司产品开发的更多点子。"

　　彼得重新看了一下他的纸，发现他能想到两个新点子：一个甜甜圈厨房，人们可以前来付费学习如何制作一些 DGD 公司受大众欢迎的产品；一个 DGD 公司的服装品牌，衣服上标注着公司的标志和许多卡通的甜甜圈形象，这样衣服就可以大卖了。"甜甜圈服装？"彼得自己想着。"这好像有些疯狂，但是可行啊！你看孩子的服装上就是带有各种卡通漫画，为什么不能是 DGD 甜甜圈呢？"彼得记得牛培生如何强调自我批评和怀疑会扼杀创新，于是他认定这是个好主意。

第二次偷点子

接着，牛培生让大家重新组成不同的小组，开展第二轮点子分享和偷取。彼得注意到这一次他与两位新同事罗恩和乔安娜在一起。

"DGD 的未来就在此处！"罗恩向乔安娜和彼得宣称："甜甜圈网店！想想看，人们可以上网，在甜甜圈网店下订单，几分钟后，一打甜甜圈就送到了门口。"

"有意思！"彼得评论道，"所以甜甜圈网店本质上就是甜甜圈送货服务。"

"完全正确。"罗恩表示赞同。

彼得分享了关于 DGD 品牌服装的想法，尽管这想法有些荒诞，不过他认为他的想法还是被理解了。他注意到人们的想法越来越特别，因为乔安娜分享的想法是有关甜甜圈的面霜。

"各种点子变得越来越不同寻常。甜甜圈网店？甜甜圈面霜、护手霜？太离奇了！不过，似乎仍有些有价值的东西。"

"大家实在是太出色了！我引导了成百上千个的创新工作坊，至今还没有听到过如此与众不同的点子。我可以认真地告诉大家一件事，我都想吃个甜甜圈了。"牛培生开玩笑地说道。

找标杆：行业最佳是谁？为什么？

"好了，我们再来转换一下思路。请你留在当前的小组，你们有个任务。到目前为止，我们一直聚焦在寻找 DGD 特许经营店的新机会点。现在我要你们在小组内讨论'你们认为行业中特许经营店做得很成功的公司是哪家'。一旦你们达成一致，请继续花时间讨论为什么这家公司会成功。他们哪里做得好？请花五分钟时间讨论。"

罗恩立刻提议麦当劳就是个好例子，彼得和乔安娜都表示同意。"想想吧，麦当劳到处都是，而且它可以立刻被识别。"罗恩坚定地说道。

彼得补充说："麦当劳好像非常仔细地选择了它们的店址，精心计算好地方。在开车去机场的路上，我注意到有一家麦当劳。它似乎就在路边，好像在一个没有进出的'死区'。但是，当我经过它时，可以肯定，有一排汽车正在门口等待着。"

乔安娜继续说道："不要忘了它们超棒的薯条！"

三个人继续总结他们认为麦当劳成功的要素：品质稳定的产品、好的选址、高市场渗透率等。

随后，牛培生给出了下一步的指令："现在我想要大家做的就是看看你们小组发现的成功要素，想一想这些要素如何应用在 DGD 公司。如何让你们的产品也具备你们认为的优秀特许经营公司的成功特质？这是一个个人任务，请花五分钟时间独立思考。随后我们回到 DGD 公司新产品和新特许经营机会点的主题上，我们还会在不同小组中进行新一轮的点子偷取。"

彼得思考着是什么使得麦当劳如此成功，以及这些成功要素能否应用在 DGD 公司。

"我们都是卖食物的，所以我想这是我们的相似点，至少表象如此。有一点让麦当劳变得与众不同，他们似乎给人很熟悉的感觉……我知道有些人商务出差，绕了地球半圈，也只吃麦当劳……是的，我想这些顾客清楚地知道他们在期待些什么，它是一种熟悉的品质。我们可以在新地方开店，像机场和交通枢纽中心，然后开展一次市场推广活动，在陌生的区域尝试和利用一下熟悉度的理念，这一理念在麦当劳运作得如此之好。"

彼得从未想过广告活动和一些深层的意义，例如熟悉的食物，不过他现在想到了。很快，牛培生宣布时间到了，第三次组建新的小组，进行最后一轮的偷取点子。

第三次偷点子

·

　　这一回，彼得发现他与塔米卡和阿尔多在一起。彼得分享了在机场开店的想法。塔米卡有个点子却是彼得从未想到过的。

　　"健康甜甜圈。"

　　阿尔多以为自己听错了，塔米卡说的是巨型甜甜圈。当他意识到塔米卡确实是在说健康甜甜圈时，他的下巴都快要掉下来了。

　　"是的，你没听错。我每次下班去健身前都要一直补充蛋白棒……那为什么我不可以吃蛋白甜甜圈呢？"

　　"蛋白甜甜圈，这个点子我偷定了。"阿尔多急切地说道。"你也许刚刚发现了这个黄金机会点，或是发现了通往倒闭和失业的不归路。你们怎么看这个点子？"

　　塔米卡回应说："在上一轮中，当我们思考哪家公司擅长特许经营的方式，什么让它们成功的，我就想到了'全球健身'，一家健身连锁公司。它们之所以流行是因为每个人都想变得健康，让身材变得越来越棒。如今很流行健身，所以，我想蛋白甜甜圈就是我们的机会。"

"这个点子实在是太好了。"彼得说的同时，阿尔多也点头表示同意。

牛培生再一次召唤大家："我们即将要选择最佳点子，然后呈现给整个团队看。但在此之前，我们还是以当前的小组形式来完成最后一个任务。"

奔驰法（SCAMPER）

"这个活动叫作'奔驰法'（SCAMPER）。这个单词本身的意思对活动如何进行不重要，重要的是每个字母所代表的含义。S代表Substitute（替代），C代表Combine（合并），A代表Adapt（调整），M代表Modify（修改），P代表Put to other use（挪作他用或改变意图），E代表Eliminate（去除），R代表Rearrange（逆向操作或重新安排）。我知道上面的这些词不太好记，但是不用担心，每个小组只要关注一个字母即可。我想让每个小组关注每个字母代表的含义，思考如何将它应用在当今DGD公司的产品和店里。如果你们的小组得到字母E（去除），你们就思考有什么东西需要从DGD的产品线或店里去除的。如果你们的小组得到字母R（重新安排），你们就思考是否有什么事可以按照以往不同的次序来完成。思考可以从商务的视角或者从顾客使用你们产品的视角出发。我知道现在我不需要再提醒你们保持创新并接纳各种想法了。"

牛培生快速地将字母分给了不同的小组。他给彼得、塔米卡和阿尔多的字母是"S"——替代。

工作坊进展到此，彼得感觉自己已经完全融入整个创新工作坊中了。这回他决定要带领他的小组展开讨论，"我们可以替代什么呢？"

"我认为那就是我们刚刚讨论的健康甜甜圈的想法，我们可以将非健康的食物替换成健康食物。"塔米卡说。

"如果我们替换塑料椅子，那会怎样？一个快捷、轻松氛围的美食餐厅？"阿尔多问道，"想想看，甜甜圈美食餐厅。有一天我正看电视，我注意到剧中有这么个饭店，人们愿意花50元去饭店吃一顿称为'美味快餐'的食物。食物基本上就是汉堡、薯条和比萨，但都是花色的。我们也可以用甜甜圈做同样的事。"

彼得笑了起来，他已经把米其林星级餐厅和甜甜圈想到了一起："为什么不呢？"

讨论了一阵子后，奔驰法活动结束了。牛培生告诉大家继续在小组内交流，要就这轮中听到的最佳点子达成共识。

彼得和他的小组成员对健康甜甜圈的点子特别兴奋，他们一致同意本小组提出的最佳点子就是超级食物和蛋白甜甜圈。

奔驰法（SCAMPER）是一个完善现有产品、服务、流程或想法的好活动

S：Substitute（替代）

· 用一种新方式来看待事物，试着用其他东西替代现有产品的某一部分。

C：Combine（合并）

· 通过整合功能或部件来简化你的产品或流程。

A：Adapt（调整）

· 什么东西可以调整或改变，以更好地适应现有的环境或问题解决。

M：Modify/Distort（修改 / 变形）

· 将现有产品或流程进行修改或变形，构成新的东西。可以对产品采取什么样的变化，改变后可以适应不同的市场或背景。

P：Put to other use（挪作他用或改变意图）

· 现有产品还有其他用途吗？因为这种新用途，有什么其他市场可以出售。

E：Eliminate（去除）

· 通过删除流程或产品的某一部分来简化事情。通过消除某方面和简化事物，新的机会和想法就会出现。

R：Rearrange（逆向操作或重新安排）

· 如果问题/产品/流程反向工作或者按照不同的顺序进行，会是什么样的情况？如果你不得不反过来做，你会怎么做？你可以从这个角度来看待你的问题，并提出新的想法。

当彼得正在一张大号即时贴上写下点子时，塔米卡说："想象一下，健身房和健康食品店可以特许经营一个具有健康的甜甜圈特色的迷你 DGD 站点。"

"美味和健康，两个最佳词汇。"阿尔多补充道。

彼得走到会议室前，将大号即时贴张贴在墙上。此时，墙上已经张贴出七个点子了。牛培生看到所有小组已经完成了讨论，并把最佳点子都贴到了墙上。于是，他准备结束这一环节。

"让我们一起来看看 DGD 公司关于新产品、新服务、新的特许经营机会的最佳点子如何？我看到健康甜甜圈、甜甜圈社交俱乐部、甜甜圈厨房和厨艺学校、DGD 品牌服装、DGD 健康俱乐部、DGD 食品送餐车以及最后的 DGD 日托所。"

"喔！我的 DGD 服装的点子被选上了，太棒了。"彼得窃喜道。"经过不同小组的讨论，我们应该达成了某种共识，我想这点子被选上也是合乎情理的。这就像在 DGD 烹饪学校里，他们告诉厨师的众多甜甜圈中，某种美味的甜甜圈总会脱颖而出。我想我的点子被选上也是同样的道理。"

大家对创新工作坊的结果进行了一轮评估和短暂讨论，每个人似乎都显得很兴奋。牛培生给出了新指令："在结束今天的工作坊之前，我们还有一件事情要做。在你们离开会议室之前，请仔细看一下墙上所有的点子，然后在你想为之努力工作的这个或这些点子上签名。在我们眼前的是 DGD 公司的未来，你现在只需要决定在这些很棒的点子中哪些是你想要重点关注的。但是关于这些点子的具体细节会在另外一天进行讨论。今天，你只需要在你支持的点子上签名即可。再次感谢在场的每一个人，大家共同参与了一个很棒的创新工作坊。"

彼得开始细致地整理着他的东西。他看了看在会议室前方拥挤地围绕着最佳点子的 DGD 同事们，忽然被自己的想法吓了一跳：我迫不及待地想参加下一个创新工作坊了。

分析：这里发生了什么？

创新工作坊帮助人们产生新的想法，这些新想法有时会带来巨大的成功。创新工作坊也可以用于同样重要的其他事情。它提供给人们一个机会去分享已经存在的想法，往往这些想法都来自我们记忆层面的思考。这些记忆层面的想法以前可能已经实施或使用，也可能因为某些意想不到的原因被放弃。意识到这一点很重要：新的、非凡的想法是创新工作坊不错的产出，同时团队中有机会听取团队成员之间已有的想法也同样重要。

为了产生新想法，推进创新，我会尽可能运用最有效的方式。我结合了两个引导工具。每个引导工具都有它的长处，当我把它们结合在一起使用时，它们的作用便更大了。

水平思考和点子交换：创新的两个成分

这个工作坊的架构与我们之前看到的章节架构非常不同。

在第五章，问题解决的那一章，我们讨论了北京静音零件公司的案例。在这个案例中，我们使用的组合工具是根因分析加上点子交换。不过，我们只是在工作坊开始的个人思考部分使用了根因分析法。在那之后，工作坊就跟随点子交换的架构：重复形成新的小组、点子分享和偷取。

在此次创新工作坊中，我们运用了完全不同的流程：在每一轮组建新组和偷取点子之间，我们穿插了不同的工具和活动。

所有创新工作坊中穿插的活动都源自同一个工具家族，称为"水平思考工具"。还记得爱德华·德博诺和他的三个思考层吗？他也是水平思考这个术语的创造者。根据德博诺的理论，水平思考层面是创新的关键，因为它可以让我们跳出第一第二层面的思考：记忆层面和逻辑层面。有时来自这两个层面的想法的确是很有效、很重要，但是它们也往往损害到创新思考，因为我们大部分想法都是来自记忆层和逻辑层。如果我们被要求思考新的想法或者抽象的事物或者跳出旧有框框，我们常常倾向依赖我们的记忆或逻辑来进行思考。最终，我们只能得到一些老想法，而不是新创意。德博诺用如下一句比喻总结了水平思考的重要性：把同一个洞挖得再深，你也无法挖出一个新洞。①

---

① 这句话直接引用自爱德华·德博诺的网页。

> **在将如何思考和创新概念化方面，爱德华·德博诺是一个先驱**
>
> ·爱德华·德博诺，1933 年生于马耳他；
>
> ·他创造的术语"水平思考"，首次出现在他的著作《水平思考的运用》中，1967 年出版；
>
> ·他出版了 50 多本书，并被翻译成多种语言；
>
> ·他于 1995 年被提名诺贝尔经济学奖；
>
> ·他不是只为特定人群工作，相反，从年轻的孩子到著名的学院和世界级的领导者，他都为之工作过。

在两轮点子偷取之间，结合水平思考工具的运用，一些重要的成果得以达成。首先，这些工具可以用作破冰，让参与者放松下来。紧张与不安是创新的两大敌人。你有没有曾经躺在床上，在即将入睡的时刻，忽然想到一个新点子或突然被灵感激发了一下？我有过这样的经历。我也听其他人说有过相同的经历。一个首要的原因就是你当时处在平静放松的状态。于是，你对新想法、新点子就更加开放。创新来自放松的状态。通过在工作坊中多次使用水平思考工具，大脑第三层的思考会被激发，人们会更为轻松自在。这一点很关键。轻松自在的人们也就更容易与小组成员一起工作、分享点子。因此，水平思考活动也直接帮助提升了小组讨论分享的效果。

使用了什么工具?

到目前为止,我希望我已经让你明白水平思考工具是非常重要且非常有用的,特别是与点子交换结合在一起使用的时候。不过,这些工具是如何使用的? 在创新工作坊中如何决定何时使用呢? 在接下去的章节里,我会与你一同回顾工作坊中使用的每个工具,解释说明每个工具使用的特定目的,以及你可以如何有效使用这些工具。

首先,介绍不同的思考层次。

我最先使用的水平思考工具就是德博诺的三层思考理论。在工作坊开始时,我让每个人在一张纸上写下所有可能的用途。当大家完成后,我邀请大家给出几个他们想到的例子。然后,我告诉大家这些最先提出的用途是来自过去的记忆和逻辑思考。接着,我把德博诺和他的三层思考理论向大家做了介绍。这样做的目的是让每个人直接了解三个层次的思考,并亲自体验一下人们习惯于记忆和逻辑层面的思考倾向。解释德博诺的三层思考理论也可以帮助人们深入理解不同类型的想法,以及这些想法是如何产生的:有的来自过往经验(记忆层),有的来自逻辑思考(逻辑层),还有的来自水平思考(创新层)。

让大家了解这些不同的层次，使我有可能清楚地告诉大家，基于记忆层的想法与创新层的想法是同样重要的。而这一点我是想让大家都能明白的，因为来自记忆层的想法往往会被忽略。当参与者来到一个创新工作坊时，他们可能一直在考虑各种方式完善提升他们的工作，过去的很多年他们已经尝试了许多想法，只是没有成功罢了。当参与者被要求思考新的想法，过去的思考或尝试就被忽略了。在许多我经历的创新工作坊中，最简单的可实施的想法，其实一直存在着。只是人们没有时间和场地去分享、讨论和完善这些想法。

这个三层思考理论也是一个很好的开场，可以为接下来的活动热身。它也让我为每个人提供一个创新的定义，并确保团队成员以类似的方法开始来思考创新。如果我在工作坊中直奔主题，宣布说"大家要创新"，这是不会奏效的，因为创新是个太过含糊的术语。我在第四章创建愿景的工作坊中也做过相似的事情。我对提出的"共同愿景"做了特别的定义说明，确保大家在工作坊进行中可以在共同基础上分享。

纸和狐狸：强制连接

在说明了创新层的思考后，我立刻安排了一项活动，促使大家进行创新思考。我要大家说出一种他们喜欢的动物（本次案例中是狐狸）。接着，我让每个人独自罗列各种想法，如何将纸制产品结合狐狸的特质并向市场营销。这里特别运用的"纸"和"狐狸"的主题并不重要，任何主题都可以使用。这个活动也显示了根据记忆和逻辑层面的想法与来自创新层面的想法之间的差异。因为基于逻辑或记忆的想法已经存在，并且在日常的商业环境中也是显而易见的，所以在创新的过程中这些想法通常不会被论及或搜索。

大概没有人会迫使自己在头脑中连接两个不相关的主题。这样的连接叫作强制连接。人们在此时想出的点子都属于第三层的思考：创新思考。这样做立刻让大家体验到在第三层思考的感觉。而且，完成强制连接的活动会带给他们信心——他们能够做到创新。

就在此时，我把大家的关注点带回到创新工作坊的主题上，在 DGD 公司的案例中，要求大家思考新产品、新服务、特许经营的新点子。每个人有 10 分钟时间独自写下各种的想法，完成后，大家就分为三人小组，进行小组分享和点子偷取。

讲故事时间

在小组有机会分享并偷取了与当天主题相关的想法后，我布置给各个小组一个任务，叫作"故事接龙"。这时，人们被要求在他们的小组中讲述一个故事，每个人一次只能用一句话讲述故事。如果你想给大家更大的挑战，那么故事接龙的活动可以要求人们一次讲一个词，而不是一句话。当然，这只是细节。故事接龙活动的要点在于促发人们快速进入角色，为后续的小组活动进行预热。故事接龙期间，通常会有许多笑声，因为人们忍不住尝试些有趣的话题，试着讲述一个娱乐性的故事。我之前有说过，在此我再提一下：当人们放松时，创新就更易产生。在创新工作坊中，引入故事接龙这类活动，就是为了使人们放松。在重要话题尚未开始前，先要让人们变得轻松自在。故事接龙结束后，我立刻告诉大家尝试思考更多关于 DGD 公司新产品、特许经营的新机会点。在人们休息片刻并且玩了一个像故事接龙的脑力游戏后，你可能会惊讶于人们提出了多少新的想法。

找标杆、顾客体验和趋势分析：让创新更真实

在形成新的小组，继续展开下一轮的分享和点子偷取之前，我安排了一个活动，叫作"找标杆"。活动的要求就是让人们思考一家他们觉得在特许经营方面做得很棒的公司，然后想想为什么它们很棒。换句话说，哪家公司可以作为特许经营成功的标杆？为什么？既然今天的主题是关于寻找 DGD 公司

特许经营的新机会点，我就选择相关的特许经营的公司作为提示词。如果我引导的是一个关于"最佳病毒营销公司"的主题，我就会要求人们思考成功的病毒营销活动或公司的案例，并思考为什么它们如此成功。找标杆活动的提示词通常与创新工作坊的主题相关。

点子交换的要点总结

创新工作坊中使用的工具

德波诺的思考层次:

向大家解释说明思考的三个层次:记忆、逻辑和创新。目的是确保想法来自所有思考的层面。因此,工作坊一开始往往就会有许多点子。

故事接龙:

一起讲故事,一次一句话。你可以用"很久以前"来开头。这个活动可以帮助人们放松心情,产出新的点子。

找标杆:

确定最佳公司哪些方面做得好。源自真实世界的成功案例创造新点子。

奔驰法(SCAMPER):

给每个小组提问,分别基于一个字母,你可以使用这个工具,通过某个方面的改变,来重新设计现有的产品、流程或想法。

点子交换:

骄傲地偷取点子!这个工具的目的是帮助参与者连接他们的不同想法。

在 DGD 员工花时间思考一个好的特许经营公司的案例以及该公司成功的特质之后，接着我就带领大家重新思考自己公司的产品，并要求他们运用找标杆活动中的案例和总结的成功特质，提出更多与自己公司相关的新想法。这个活动不仅可以产出创新的想法，还可以迫使人们进一步思考出基于真实的成功案例的新的点子。这将促使人们产生更具体的想法，这些想法也更有可能成功。

我在 DGD 的工作坊中选择了使用找标杆的活动。不过，还有另外两个水平思考的工具可以帮助人们产生与真实世界相关联的创新想法。

第一个工具叫作"趋势分析"。我没有要求大家考虑一个他们认为是他们行业标杆的公司，而是要求人们思考在他们的行业或商业环境中正在发生的大趋势。这个趋势可以是消费者或者市场的趋势和行为。一旦每个人头脑中有了趋势的想法，我就要求人们再思考当天的主题，基于这些趋势试着想出更多的点子。我在 DGD 案例中注意到塔米卡使用了相似的方法。塔米卡提出健康甜甜圈的点子。她提到人们的健康意识越来越强，这激发了她想要生产和销售健康甜甜圈的想法。

创新工作坊中可以运用的更多的工具

· 趋势分析：思考你所在市场或主流文化的当前趋势，它们是什么？（此活动可帮助你利用当前趋势）

· 顾客体验：记录或画出顾客是如何与你的产品 /公司接触的，都在哪些阶段接触，不同阶段客户的感受如何？（此活动可以帮助创建更多以客户为导向的产品或服务）

这个活动的另一个工具，称为"顾客体验"。正如你的猜想，这次的提示词是客户。我要求大家想象一个人与他们公司接触的完整过程。如果我运用在 DGD 公司上，人们会想着这个人首先有一个期望吃到甜甜圈的想法，然后开车到附近的 DGD 商店，走进去，闻一闻甜甜圈的味道，跟随自己的心意，他购买了两个蜂蜜味的甜甜圈，然后一边喝着 DGD 的咖啡，一边吃着甜甜圈。这个活动的提示词可以是任何东西。作为引导者，你也可以自我创新！你可以要求人们讲一个故事，画一幅画或描绘自己作为一个客户使用产品的经历，然后再带回到手头的话题。

一旦人们在脑海中有了顾客体验的过程，人们也就对顾客如何行动，如何与他们的产品互动有了想法。带着这些想法，我要求人们重新回顾今天的主题，试着思考更多的点子，在 DGD 的案例中，就是要想出更多新产品、新服务、特许经营的新机会点。

如上所述，顾客体验、找标杆和趋势分析的活动都是重要的工具，因为他们产出的创新点子都是来自真实的世界。

奔驰法（SCAMPER）：逻辑思考者喜爱的水平思考工具

奔驰法（SCAMPER）聚焦在现有的产品、业务或想法的调整改进上，而不是从根本上重新设计或发明。这个活动是用清晰、简洁的说明，分配了七个问题中的一个问题来挑战小组成员，让他们进行审查、重新设计和重新构想已存在的东西。运用 SCAMPER 的方法，人们关注的只是改变一些可感知事物的一个方面，即真实存在的事物，因而使得该活动对参与者而言感觉不那么抽象。在一次又一次的创新工作坊中，我注意到一个有趣的现象，就是工程师们往往对 SCAMPER 的活动回应积极。这项活动的具体指令似乎吸引着这些工程师，也吸引着其他善于分析的思考者。通过平衡地运用一个更具技术性的水平思考工具和一个允许完全自由思考的强制连接的活动，你肯定可以吸引更广泛的拥有不同思维方式的参与者。

奔驰法（SCAMPER）的根源

SCAMPER 的方法源自两位天才：亚历克斯·奥斯本和罗伯特·艾伯尔。奥斯本非常有影响力，他最早提出了头脑风暴法。他构建了很多提问方式和看待事物的独特视角，这些都被应用在如今的 SCAMPER 方法中。艾伯尔利用这些提问方式，并把它们组合成现今著名的 SCAMPER 的形式。

结束工作坊

你也许注意到工作坊结束得很快。最佳点子一旦选出，无须争论如何将这些想法转变为现实，我也没有要求大家对这些想法进行优先排序。我只是让他们在感兴趣的点子上签名，这就可以了。这是我特别设计的。发展这些点子需要不同的关注，这最好留给另一个环节，可以立刻跟进或者待以后展开。今天的创新工作坊就是要产生新的想法，无须评判或分析。

为什么使用点子交换？

毕竟这里讨论的都是水平思考工具如何之好，你也许会问："那么，为什么不在创新工作坊就只用这些工具呢？为何我们还需要点子交换呢？"

为了让回答听起来不那么文绉绉的，我用一个问题来回应上述疑问：未被分享的点子有多少价值呢？不多。虽然水平思考活动产生的结果和跳出框框的想法是有价值的和有用的，但是有时创新工作坊的真正财富就是让人们在创新的氛围下交谈，并给他们机会分享各自的想法。

关于结合水平思考工具与点子交换的伟大之处就在于，点子交换的优势弥补了水平思考工具的劣势，反之亦然。点子交换的好处就是让人们交换想法，理解他人的点子。但是如果没有其他工具的协助，它无法促进创新。水平思考的工具可以让大家想出一些疯狂的想法，不过没有点子交换的支持，他们也很难理解并分享这些疯狂的想法。然而，当结合了这两类工具时就会带来神奇的结果，我已经一次又一次地见证了奇迹时刻。

CHAPTER 8

第
八
章

行动计划

在平时的星期五下午，通常我会身处赫尔辛基的车流中，最有可能的是看雨或雪落在我的挡风玻璃上。但今天有很大的不同，我不担心交通或天气。相反，我的心思不停地回到一个想法：阿卡拉。什么是阿卡拉？为什么我会为之着迷？

阿卡拉是一种美味的油炸豆饼，这是尼日利亚最著名的美食。我为什么想着它呢？因为我不在赫尔辛基，我在拉各斯，正在与尼日利亚配套有限公司的团队一起工作。

也许你还记得埃斯特、萨姆·阿德巴约、威尔弗雷德和上次该公司愿景工作坊中的其他团队成员（本书第四章中有提到）。在愿景工作坊中，尼日利亚配套有限公司的管理团队一致同意：建立一个联合统一的公司是关键。通过统一，他们可以扩展到尼日利亚以外的其他市场，并且提高某些产品的性能，从而使公司产品领导各自的市场。他们甚至在愿景会议期间为公司未来创造了一个伟大的愿景宣言——尼日利亚配套有限公司是非洲市场上的冠鹰：作为团结统一的家族，翱翔在竞争的天空之上。

第二天，我带领尼日利亚配套有限公司的管理团队开展了一个战略工作坊，以帮助管理团队思考出可以帮助公司达成其目标的战略，目标是成为更加团结统一的公司和市场领导者。他们提出的战略是将所有生产转移到拉各斯，缩小产品线，集中于在市场上表现优异的产品，或有潜力的产品。

与其在遍布全国各地的 6 家工厂生产，尼日利亚配套有限公司管理团队认为只在拉各斯建立 3 家工厂是更好的策略，集中生产市场表现最好的产品：儿童玩具、宠物食品和笔。

开始工作坊

当我准备开始工作坊时，我再一次看了一下参加工作坊的团队成员。和上次一样，有公司的总裁兼首席执行官（CEO）萨姆·阿德巴约，他穿着时尚的西装，无可挑剔。坐在萨姆边上的是埃斯特，首席运营官（COO），她是公司很多方面的幕后女人，确保着业务顺利进行。坐在她旁边的是安静的财务艾德先生。团队的其他人是那些将受到新战略影响最大的人：工厂经理们。可以确定，在我们即将开始的时候，夏娃、亚历克斯、威尔弗雷德、摩西、约翰、塞西莉亚，他们都显得有些紧张。

"大家早上好！我希望今天你们都能像我一样，既感到放松又有点兴奋。在我们开始之前，你们中有谁能快速回顾一下在昨天的战略工作坊上你们提出的战略？"

萨姆·阿德巴约率先讲话并开始说明公司战略的改变。然后，几个工厂经理轮流发言，告诉我一些产品将停止生产，并从现在起，指定笔、儿童玩具和宠物食品成为重点产品。这些战略要点被一一提及，于是我在会议室前面的大纸上写下了这些关键词。又经过了几分钟的聆听和记录，对战略决定进行讨论和梳理，战略行动总结共创出来了。

在会议室前方的海报纸上，尼日利亚配套有限公司的战略整理

- 只继续生产笔、儿童玩具、宠物食品；
- 关闭和出售位于拉各斯之外的所有工厂；
- 在拉各斯集中管理生产和员工；
- 拓展潜在市场，并向海外市场进行营销；
- 每周举行团队会议；
- 扩大人力资源部门。

"你们都同意这些总结的战略要点吗？"我问道。

管理团队点头表示同意后，我继续往下进行了。

"我要你们做的第一件事就是想想你们个人会做些什么来帮助战略转变为现实。对你来说，这个战略实施的合理的逻辑步骤是什么？请不要担心你正在思考的行动是正确的还是错误的。所有你需要做的事，不论职业的还是个人的，也不论大事还是小事，都是重要的，都值得写下来。请花 10 分钟左右的时间来单独完成，然后我们会重新集合，再分组。"

我的指令刚说完，大家就开始了。我可以注意到有些人写得非常快，而有些人似乎还在花时间思考。这是合乎情理的，不仅因为人们动作的快慢不同，而且还因为战略的变化对有些人影响相对较小，而对有些人的影响极大。

我瞥了一眼正悠闲地书写的人，约翰·安布罗斯。约翰目前在拉各斯运营宠物食品厂。他的产品仍将继续生产，工厂还是原来的工厂。在拉各斯运营儿童玩具工厂的威尔弗雷德也同样如此。

与约翰和威尔弗雷德相反的另一端是这样一些人，他们不得不重新安置到拉各斯，搬迁他们的工厂。甚至更糟的是，他们要停止生产他们的产品，要么离开公司，要么转移到公司内的新岗位。这些人中有一个人是亚历克斯·穆萨，他负责伊巴丹的制笔厂，此时的他正疯狂地写着什么。他很快就要执行"到拉各斯生产笔"的战略。他要转移去的地方是曾经夏娃·艾比运营的拉各斯化妆品厂。我一边看着表，一边想着：我确定亚历克斯和夏娃头脑中有很多想法。10分钟时间已经到了，工作坊开始部分的个人阶段也结束了。

"现在，请花点时间找另外两个人聊聊。就像上次那样，我们将有三轮'骄傲地偷取点子'，每轮都是不同的三人小组。这次你将有20分钟的时间在每个小组中偷取点子。在你的小组中，解释你将采取什么行动以实现尼日利亚配套有限公司的新战略。同时，你也可以从他人的分享中有所收获，一起来完善行动计划。"

话刚一说完，三人小组就形成了。在我面前的摩西、艾德和夏娃组队成功。这样，我正好可以听到他们所说的。

"对我而言，这些改变都是纸面上的。"财务总监艾德说道，"尼日利亚配套有限公司大规模出售资产已经有很长时间了，所以我知道有很多事情要做，学习什么样的表格是需要的，学习什么样的法律事务需要处理。而我能做的，就是让我们做的这些交易尽可能变得容易一些。"

"所以对你来说基本上是业务惯例。"摩西插话道。

艾德回复道："是，也不是。虽然许多改变会带我涉足陌生的领域，但事实上，这个陌生的领域仍然属于财务和会计的范畴。我要提交报告给同一代理和机构。对我来说主要的变化就是我将要提交的报告内容。所以我的第一个行动计划就是通过做一些研究来了解这一点。另外，由于我们将削减拉各斯地区以外的所有生产活动，我们需要关闭一些区域的账户。我不太知道这将如何进行，但我有一些会计的朋友，他们精通这类事情。与他们共进晚餐的时候，我可以向他们讨教一二。"

"喔，艾德！晚餐时分谈论会计，听起来就像是我很期待的星期五夜晚。"摩西开玩笑道。

"各自说说自己的吧！你们两个想到什么了？"艾德问道。

"嗯，我想我的行动可能需要比艾德你多一点社交环节。我首先要说服我的妻子和孩子们离开舒适的卡诺，并迁往拉各斯。你知道，我妻子来自卡诺。我已经说服她们，这次搬迁是必要的，但这并不意味着这将是一个容易的过程。所以在处理所有与业务相关的事情之前，我的首要行动就是让我的家人对这种变化感到舒服。如果我不能做到这一点，那么我就没有必要规划工作方面需要做些什么。"

艾德和夏娃同情地看看摩西。夏娃有了个想法："你和你的家人不会是唯一面对这种变化的人。想想尼日利亚配套有限公司所有其他即将搬迁到这里的家庭。也许可以安排一些家庭聚会或工作以外的活动，使拉各斯的新人们不会感到孤单或孤立。"

艾德补充道："我在这里住了大辈子，我对这个城市很了解。所以如果你在这里遇到什么问题，我可以帮忙。而且，我想我的儿子和你的孩子们年龄差不多。你可以自然地告诉你的孩子们，当他们将朋友留在卡诺的时候，他们可以期待在拉各斯结识新朋友。"

摩西似乎对家庭搬迁的前景更为放心了，并对艾德和夏娃表示了感谢说："有了这些想法，我想我的妻子和孩子们会对这种变化感到高兴。夏娃，你怎么样？你打算采取什么行动？"

"好。至少我能待在拉各斯，所以我住的地方不会改变。但我觉得其他的一切则不尽然。我的工厂将被改造成一个制笔厂，我认为老工厂经理亚历克斯将接管运营。所以，我希望在公司内担任一个新的角色。但在我担任新角色之前，作为工厂经理，我需要照看一下我工厂里的工人。我的第一个行动是要见见他们，看看他们是否希望继续工作。我还需要和萨姆谈谈，看看有什么样的职位适合我。我们正在关闭许多工厂，因此我认为很多工人将会失业。"

"别那么肯定，夏娃。"艾德插话道，"虽然我们现在只关注三种产品，但我们希望这三种产品能够成为市场的领导者，所以我认为我们需要增加这三种产品的生产量才能实现这一目标。我敢肯定，虽然不是每个在拉各斯以外的工厂工作的人都想试着搬迁并留在公司，那些希望留下来的人仍然有很多机会。"

摩西和夏娃表示同意，夏娃继续解释她的行动计划。

"在我与我所有的工厂工人见面，看看有什么机会可以提供给他们之后，我需要把重点放在我想在公司内做什么。如果工厂不再生产化妆品，那么我也不想继续运营工厂。另外，我认为亚历克斯会做得很好，他可以负责这里的笔的生产。"

"你想去哪里呢？"艾德问道。

"嗯，我们的战略之一就是要进一步发展人力资源部门。

我想去那里工作。所以，我第一步就是要和萨姆谈谈，然后给公司的其他部门发邮件，看看是否有其他人对发展人力资源感兴趣。"

摩西说："我相信你会轻易上手的。你很关注别人，我的意思是你的第一个行动是担心你工厂的工人，而不是解决自己的问题。你有这份工作所需要的关注他人的心。"

夏娃感激摩西的赞美，同时感谢他友善的话语。我很高兴，听着艾德、夏娃和摩西的谈话。他们彼此分享了自己的行动计划，提供鼓励，也将自己作为盟友和相互支持的来源。换言之，事情正朝着它应该的方向发展。这时，我很快折回到现实中来，并意识到我必须马上停止偷听，并继续带领工作坊。

"干得不错！我希望大家在小组交流中有所收获。不过，现在是第二轮小组分享的时刻了。所以请找两个新人一起讨论，再花20分钟时间与他们分享你的个人行动计划。"

又一轮小组分享继续开始了，20分钟后，我指示再次组成新小组，进行最后一轮的小组分享。

就像我看到摩西、艾德和夏娃在第一轮分享中的情形一样，我看到了合作，以及在随后的小组分享中进一步完善行动。约翰和阿德巴约都向塞西莉亚提供了一些支持。塞西莉亚是位于阿布贾即将关闭的生产橡胶轮胎气门芯的工厂经理，她对尼日利亚配套有限公司未来希望进入的海外市场了解很多。塞西莉亚想制订与"探索在国外市场销售公司产品的潜力"有关的战略大纲的行动计划,但她对具体采取什么行动有点摇摆不定。约翰提供了一些他在加纳和喀麦隆的联系人的方式。大老板萨姆立刻与塞西莉亚约定了会议时间,以便他们俩能用些时间制订一个计划——针对外国市场的战略,她如何采取最佳的行动。委婉地说,塞西莉亚看上去有点激动。

在最后两轮的分享中,因为这些点子被分享、再分享,大家的想法变得更加精简和完善。到第三轮结束时,我注意到每个人似乎都在考虑在接下来的几天和几周时间里采取什么切实可行的行动来帮助实施新的战略。

通往成功的路径

"看起来你们所有人都准备好现在就离开，马上实施你们为自己创造的新行动计划了。你们很快就能做了，但不是现在，因为这里还有最后一件事我希望你们都能一起做。当我分发这些大即时贴的时候，我要大家思考个人的下一步会做什么。针对公司整体的战略，就你们个人而言，什么是你要采取的最好且最重要的行动？如果你们的头脑中有两个行动方案，那么在大即时贴上写下一个行动方案，然后再拿一张写下另一个行动方案。有一个以上的行动方案是允许的。你们应该在各自所在的小组中先讨论一下，当你准备好了，请将行动方案写在即时贴上，然后把它们粘贴到会议室前的海报纸上画好的漂亮的路标图上。每个贴出来的行动方案必须是具体的，要有清晰的'谁来做''做什么'以及'何时做'。"

我将海报纸架子往后面挪了挪，以便大家可以看清楚海报纸上我画的简洁的路标图。在图上，我画了一条路，从左下角向上向右移动。在左侧底部，我写了两个字"现在"，在底部中间我写着"一至三个月"，底部右侧我写着"四个月或更久"。

"当你把写好行动方案的即时贴粘贴上去时，我要你思考一下该行动何时会发生。如果它是你立即开始的行动，那么请把它放在左边，靠近'现在'的区域。如果你在以后展开行动，那么请你把它放在右侧，靠近'四个月或更久'的区域。一旦所有的即时贴被放置在路标图上，我们将有一个完整的画面——你们所有人的行动方案。"

"我还是有些不太明白，我们是要写个人的还是写小组的行动方案？"艾比问。

"你可以写个人的或者你小组的行动方案，这就意味着你的即时贴上只有你一个名字或有多个名字。但是，除非你寻求他们的许可，否则你不可以写你们三人组以外的其他人的行动方案。"我回复道。

"我有个行动计划是让房地产代理商为我在拉各斯找个新家，那我应该怎么做呢？"摩西问。

"摩西，你可以为你自己写一条行动计划。例如，'我会联系房地产代理商帮我寻找一套房子。名字：摩西；时间：明天。'"

每个人在他们的小组中花了一些时间讨论，接着写下一个又一个的行动方案，然后贴在路标图上。过了一会儿，任务完

成了，我们都围着路标图站着，欣赏着完成的画面。九个团队
在路标图上共计张贴了 33 张不同的即时贴。有些人只写了一
个行动方案，而有些人写了三个或四个不同的行动方案，贴在
路标图上。每个人张贴的具体行动数量并不重要，而重要的是，
每个人都为行动路标图做了自己的贡献。

鞭子式反馈

行动路标图完成后，工作坊还没结束。

"看着路标图，你们好像挺高兴的。"我朝着大家说道。

"牛培生，你没必要像天才一样看得那么透彻吧！"摩西说道，团队的其他成员都笑了起来。

"摩西，说得好。不过，我还需要再确认一下。既然大家都站在这里，我们来一轮反馈评估。你们都还记得吗？上一次我要求你们基于自己的感受，用五指法对愿景内容给出反馈。"

团队成员的确还记得。

于是，我继续说道："好吧，这次我想得到你们的反馈，路标图的内容与尼日利亚配套有限公司的新战略关联得怎样？这些行动将帮助公司达成战略目标吗？你觉得它们有道理吗？"

萨姆·阿德巴约、艾德和塞西莉亚抢先行动，已经准备把手上的五个手指举在空中。我很高兴他们的热心，但我转变了如何获取反馈的想法。

"这次，我们不用五指法给出反馈评估，我们要绕一圈，每个人说一个词代表你的反馈。你可以选择的词如下：糟糕、差、一般、好、很好。你选择什么词无须解释，我向你们每一个人所要的就是一个词。这个活动叫作"鞭子"。因为你们的反馈评估要快速扫一圈，一个接一个说，像抽鞭子一样快速。准备好了吗？"

团队成员们大都是快速的学习者，反馈的鞭子在屋子里绕了一圈。

"很好""很好""好""很好""很好""好""一般""好""很好"。

"大家真是太棒了！今天给出'很好'评价的人可以说明一下原因吗？"

萨姆·阿德巴约回复道："我给予'很好'的评分，因为我现在看到这一切非常合适。我们自己在战略会议上制订的战略很重要，但它们似乎不太现实。或者，也许它们是有可能达成的，但对于如何达成却有一大堆显著的问题。对我来说，那些问题现在已经得到答案了。"

我感谢了萨姆的分享。接着，我要求反馈"好"的人给出具体的说明，然后是反馈"一般"的人。我并不担心别人给我的反馈结果，我也不是在寻找大家的一致共识。我只是想给每

鞭子反馈是一个有趣的方式，可以快速获得团队成员的反馈

- 所有人站成一个圈或者半圈；
- 给出反馈提示词或者他们可以从一组单词或数字中选择；
- 从一个人开始，用一个词给出回答，反馈继续，绕屋一圈；
- 要求人们给出具体说明为何给出这个评分；
- 这个反馈评估工具叫作"鞭子"，因为反馈评估就像抽鞭子一样绕着屋子一圈：快速而精准（诚实的反馈）。

个人一个机会说出他们的想法。如果有人确实对路标图有疑问，注意到时间方面有一个错误，或如果两个单独张贴的行动可以组合起来，那么在反馈活动期间或之后，这些调整可以由一个团队一同进行。

时间已经到了下午，是时候结束这个工作坊了。

"我与你们一起度过了一段美好的时光。我想感谢尼日利亚配套有限公司邀请我来到拉各斯。我认为我们的工作到这里就完成了，我希望你们保存今天制作的这张路标图，并将它放在可以让你们看见的地方。这张路标图上的行动是实现新的战略目标的直接途径。我祝愿你们旅途好运。"

塞西莉亚、夏娃、摩西以及团队其他成员都来感谢我，并建议我们一起外出，在阿卡拉共享一顿晚餐。这也许是结束我这一天的最好方式了。

分析：这里发生了什么?

行动工作坊的整个要点就是在个人层面上产生具体的行动，并与他人的行动相结合，形成团队的行动计划。然后，这一行动计划用于将战略目标变成现实。在刚过去的工作坊中，我运用了一个常用的制订行动计划的工具——路标图，并结合了点子交换的引导工具。正如我们之前所见的，也如我们未来再次看见的，将点子交换与其他工具结合使用可以让工作坊有可能取得最大化的成功，并以最有效的方式产出工作坊的内容。在我深入说明本次工作坊中所使用的工具之前，我需要祝贺尼日利亚配套有限公司对他们的行动进行了前瞻性的思考。不，我不是指要庆祝他们足够明智地邀请我来帮忙，而是要祝贺他们采用了参与式的决策方式，群体的参与和群体的承诺有着直接关系。在工作坊期间，要采取的行动是由群体讨论产出，并把行动放置在路标图上。这些行动被视为是一个群体的行动，人们会对这样的群体行动感到兴奋。

最重要的是，所有的行动方案共同构成了一个合理的计划。如果这些经过精准的逻辑思考后的行动方案不是作为一个群体产生的，而是自上而下，直接从萨姆·阿德巴约的办公桌传出来，它们就不会有同样的效果，而且很可能也不会成功。如果引导者某一次采取了一种策略，直接询问由谁来承担责任（实际上，这是一种常见的做法），那么将很少有参与者愿意主动承担。承担责任的越少，承诺度也就越低（如图8-1所示）。如果在作出决策前，员工至少是被征求过意见的，那么决策就会比较有效。如果决策和行动是运用点子交换，由群体共同讨

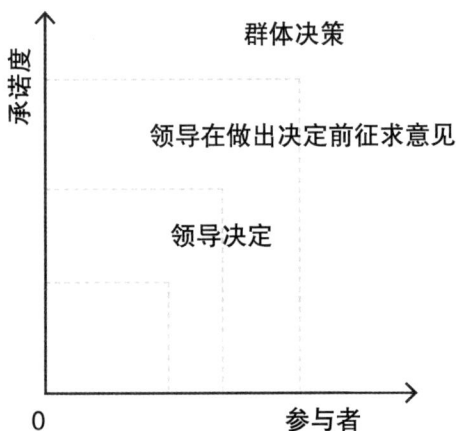

图中文字：

承诺度

群体决策

领导在做出决定前征求意见

领导决定

0　　　　　　　　　参与者

图 8-1　决策过程中人们参与越多，承诺度就越大

论做出的，这样的决策才会更有效。为了使参与者更轻松且愿意承担责任，在工作坊行动计划环节，我总是从个人行动开始，最终共同形成群体行动。如果你想确保每一个战略或解决方案都能被理解，而且有具体应对的行动计划，在工作坊结束时你可以让大家一同回顾要点。如果有必要的话，大家可以添加额外的行动方案。

使用了什么工具：
正确的工作坊开场——暖场和回顾主题

在工作坊开始的时候，我首先让团队成员简要说明他们的新战略是什么。我这么做有以下两个原因。

第一个原因，我想要人们多说说话，热热身。永远不要低估热身暖场的重要性。它可以让人们放松，让他们愿意说话，让他们感到自在。

第二个原因是为了创建一个公司战略是什么的共识。我可以假设每个人关于公司的新战略已经有了共识，但再次确认战略总没有坏处。并且，作为团队要制订出与他人行动相匹配的个人行动，我需要确保每个人对公司的战略要点有相同的认知。

路标图：没有它，你会迷失

对大家而言，思考个人层面的行动是很好的，也是需要的。不是所有的行动都可以由团队来制订。我们看到的例子是，摩西非常关注公司的变化会如何影响他的家庭，使家人感到舒适、让家人融入拉各斯的生活是他最重要的行动点。如果这些事不安顿下来，那么摩西就没法关心其他事了。如果所有的行动都是作为一个团队共同产生的，那么摩西的担忧就不会被提出，他会觉得团队决定的行动不代表他自己真正想要做的事情。

另一方面，在结束工作坊时，如果没有汇总展示所有人的个人行动，这也会是一个失误。路标图让每个人看到了更大的画面，将个人行动汇总成一个整体（如图8-2所示）。这就是为什么行动路标图环节是工作坊的重要组成部分。

行动路标图使每个人的行动更为具体，也更有可能发生。如果你有一个个人目标，你牢记自己的目标，非常努力地去达成，也许你会实现你的个人目标。但是如果你写下你的目标，那么你更有可能去实现它。如果你真的希望实现你的目标，那么请把它写下来，与别人分享它，然后在大家面前展示出来。这就是行动路标图的效果所在。

路标图根据情境把个人行动放置在时间轴上。这些行动是现在会发生还是以后会发生？路标图允许人们自行决定。

图8-2　路标图将个人行动汇总成一个整体

最后，路标图是把个人行动和他人行动整合在一起，创造了一个大家将要做什么的完整画面。人们可以很容易地看到别人会做什么，哪些行动可以进行组合和协作，哪些行动依赖于他人。

用反馈结束工作坊：鞭子式反馈

在第四章中，我解释了向团队要反馈的重要性。这让我知道会议进行得如何，它也给了人们一个最后的机会来表达任何疑虑或对内容及会议整体发表任何意见。这次我使用了被称为"鞭子"的工具来寻求反馈。

为了使用这个工具，首先你需要让每个人站成一个大圆圈。

你解释说明鞭子是如何快速而精准地移动的。你希望他们的反馈也是快速而精准的。这里"快速"的意思是，每个人只说一个词，只要一个人说完，旁边的人立即继续说出一个词，以便反馈可以快速在屋内传递下去，而且未经过深思熟虑。事实上，未经过深思熟虑的反馈才是精准的。提示词，可供大家选择的东西很多。在尼日利亚配套有限公司，我要求大家从以下词汇中选择：糟糕、差、一般、好、很好。你也可以选择不同的词汇，比如从 1~5 的数值，或者可以让参与者选择一个词，这个词能最好地描述他对工作坊结果的心情感受。

为什么在行动工作坊使用点子交换？

一个有效的行动工作坊需要的不只是让人们独自思考自己的行动，然后再把它们放在路标图上，它还需要点子交换。通过人们在小组中反复地分享他们的行动，人们获得了信心。从分享中，人们也会发现新的同伴和支持行动的资源。于是，这些行动就变得更为可行。

通过反复分享你要做的事情，你内化了这些行动，并且对行动变得更加负责。同样的原则也适用于此。在小组分享中，人们的行动会被细化和进一步完善，人们也许会意想不到地对行动给予支持。人们认识到他们的行动计划与另外一个人的会有交集，这就形成了一种联盟。这在小组分享中是常见的现象。

省略小组分享，直接在大组中向所有人分享个人的行动，这也是可能的。不过，我们不提倡这种做法。因为在三人小组中分享比不得不直接在大组中分享，人们感觉到的压力会小很多。此外，人们在每一轮小组分享中会让行动变得更清晰，使行动方案精准、明了、聚焦。因此，当分享完毕时，我们就可以把行动方案放在路标图上了。

我之前提到，路标图吸引了那些需要看到明确的和具体的东西的人，而点子交换则是满足了那些喜欢说话的人的需求。结合点子交换的小组分享与行动路标图这一工具，可以吸引这两类人。这就是组合如此受欢迎、如此有效的原因。

行动工作坊的点子交换

· 让团队把焦点集中在需要行动的解决方案上。

· 为了确保参与者对行动负责，从思考个人行动开始：我打算做什么？

· 通过变换不同的小组，让参与者尽可能多地讨论和细化他们的行动（骄傲地偷取点子）。

· 将行动方案视觉化：做什么？谁来做？何时做？

· 要求团队评估所有解决方案是否有了充分应对的行动方案：增加和减少行动。

CHAPTER 9

第
九
章

设计工作坊

我已经给几千个学员培训过引导。在他们参加培训之前，我的大多数学员已经知道了一两个团队引导的工具。不过，他们通常不知道如何用已知的引导工具合理地设计一个工作坊。如果你不知道如何设计工作坊，那么无论这些工具有多么棒，你都很难运用它们获得具体的工作坊成果。对我的学员而言，我给予的最大的礼物就是一个清晰地架构工作坊的框架。

在本章中，我会给出工作坊设计的框架，并解释说明如何运用引导工具之一的点子交换。

到目前为止，在一章接一章的不同环节中我们已经看到了点子交换是如何有效使用：创建愿景、问题解决、部署会议、创新工作坊、行动工作坊。这些不同章节的内容实际上是构建一个完整工作坊的不同模块。需要明确的是，工作坊不一定是要求整个公司一起去树林里露营三天的特别事件，虽然工作坊也可以这么做。当我使用"工作坊"这个术语时，我指的是一个会议，在会议中人们广泛地讨论着某一特定的主题，并为了在这个主题上取得进展而共同工作。一个工作坊可以解决一个特定的问题，创造性地思考新的想法，实施新的战略，或完全不同的其他东西。工作坊和常规会议之间的一个区别是，工作更加注重互动，它要求人们一起协作，参与团体层面的各种活动。

一个重要平衡：发散思维和收敛思维

架构一个工作坊的核心模块就是发散和收敛的思考。有一位出色的心理学家名叫 J.P. 吉尔福特。用他创造的两个术语——收敛思维与发散思维 [1]（如图 9-1 所示），可以帮助我们更好地理解工作坊不同阶段的内容。吉尔福特说，发散思维是新思路产生的时候，常常被认为是创造性思维。收敛思维基本相反，被认为是逻辑思维。与发散思维寻求开放式的或抽象的答案相反，收敛思维是在寻找正确合理的答案。工作坊的每

发散思维
新思想的创造

收敛思维
逻辑分析和最佳想法
的选择

图 9-1　当设计工作坊时，有两种类型的思考方式需要考虑

[1] 吉尔福特在他的《人类智力的性质》一书中介绍了这两个术语。该书于 1967 年在美国纽约由麦格劳·希尔公司出版。

个阶段都应该包括发散和收敛的过程，帮助人们想出点子和选择点子正是引导工具所为。但是，每个工具的作用各不相同。

我们需要平衡发散思维和收敛思维两者之间的时间分配，以帮助人们高效地开展工作坊，并成功地达成工作坊的目标（如图 9-2 所示）。许多时候，一个工作坊运用的引导工具，特别注重发散的过程，却把收敛的过程给忽略了或者草草收场。这导致工作坊虽然产出了很多好点子，但是很少是被团队所理解或者被团队成员内化。事实上，这样工作坊通常会给参与者带去一些困惑，不明白到底发生了什么，他们可能会说："这是一个有趣的工作坊，我们创造了很多想法，我们优先排序，并决定了一些事，但具体是什么事我不记得了。"点子交换试着纠正发散思维与收敛思维之间的不平衡。运用点子交换，人们只在开始阶段花少量时间进行个人思考，团队花大量时间用在了小组分享和偷取他人的点子，然后发展完善并选出最佳点子。结果让产生的点子变得更少，但是这些点子更棒，也让大家能更充分地理解这些点子。

典型的收敛思维与发散思维：参与者花费很长时间来
创造点子，但却草草地选择它们

用点子交换的收敛思维与发散思维：参与者花较少的
时间来创造点子，但花大量的时间懂得彼此，并选择点子

图9-2　在发散过程和收敛过程中使用与不使用点子交换的区别

当设计一个工作坊时，核心是要知道工作坊遵循着一个熟
悉而常用的框架，它包括三个阶段（如图9-3所示）：澄清阶
段（Clarifying）、解决方案阶段（Solutions）和行动计划阶
段（Action）。每个阶段本质上都包含发散和收敛的过程。这
个框架简称为"CSA"框架。

澄清阶段

探索和选择正确的问题

解决方案阶段

寻找替代方案，从中选出最佳的解决方案

行动计划阶段

创建行动计划，然后从中进行选择

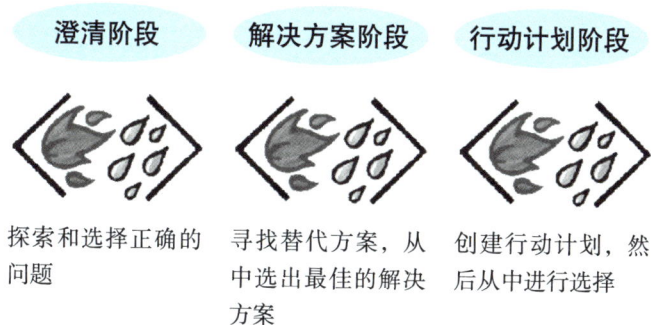

图9-3　工作坊的三个阶段

澄清阶段

工作坊从澄清阶段开始，而主题是由团队成员来确定的。这个阶段不仅清晰定义主题很重要，而且在这个阶段要保证大家对这个话题的背后问题有一个共同的认知。这样做可以让人们同步展开思考和讨论，并为工作坊的后期阶段（解决方案阶段和行动计划阶段）打下更好的共识基础。在澄清阶段，点子交换可以与其他引导工具一同使用。

在澄清阶段开始前，你需要设定你的目的。它们会有以下不同的可能性：

1. 如果你是要寻求长期的发展或者创建一个新想法作为话题，那么你应该澄清的是目标或者愿景（第四章：创建愿景）。

2. 如果你面临困境、遇到冲突或者有突发事件，那么你应该澄清问题（第五章：问题解决）。

3. 如果目标已经确定，你应该澄清的是大家对那个目标的理解（第六章：部署会议）。

解决方案阶段

工作坊的第二阶段是解决方案阶段。在这个阶段，人们思考着各种想法和替代方案，然后从中选择最佳的解决方案。还记得第七章中纠结于创新的彼得的案例吗？这个案例是处在创新工作坊的解决方案阶段。通常点子交换不会用在工作坊的解决方案阶段，但在彼得和DGD的例子中，这却是一个不错的选择，因为他们试图只解决单一问题，而不是复杂纠缠的问题。

为了更好地解释为什么点子交换一般不适合于解决方案阶段，让我们再次回到澄清阶段，并用第五章中静音零件公司及它们的生产问题做说明。

该工作坊从每个人思考生产问题发生的原因开始。在工作坊过程中，不同的想法被提出、分享和被"偷"，然后商定达成共识。静音零件公司的参加人员认为生产问题的原因在于缺乏创新以及生产工人缺少认可和低薪酬。这两个原因是该工作坊的产出结果。那么，下一步做什么呢？工作坊这个环节结束了，接着团队带着这两个问题进入解决方案阶段：

● 问题1：缺乏创新的解决方案是什么？
● 问题2：生产工人缺少认可和低薪酬的解决方案是什么？

在使用点子交换时，你无法在同一时间认真地思考两个问题（如图9-4所示），因为你无法在任何一个问题上足够聚精会神。在这个案例中，我们还算是幸运的，团队只找到了两个

澄清阶段　　　　解决方案阶段　　　　行动计划阶段

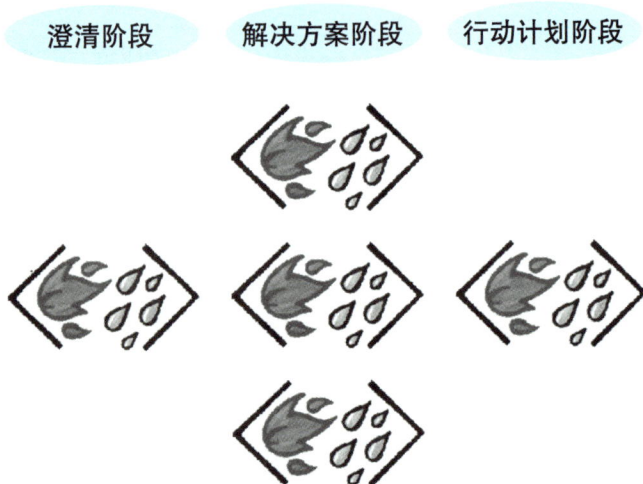

图9-4　解决方案阶段不适合用点子交换同时处理多个话题

216

原因，带出了两个问题。通常情况下，你会遇到多个问题，而且与要解决的问题并不相关。澄清阶段就是以多个问题来收尾的。当你进行一个愿景工作坊，你往往会以找到多个目标或多个愿景要素而结束。当部署战略目标时，你常常想要执行多个不同的目标。在这样的情况下，能够同时处理多个问题的引导工具是更好的选择，而不是点子交换。当有多个问题或多个聚焦点时，取代点子交换最好的引导方法就是咖啡馆和开放空间技术。我想借此机会介绍一下这两个方法。

咖啡馆和开放空间：解决方案阶段另外的引导工具

咖啡馆的方法有多种名字：学习咖啡、群组博览会、海报方法以及认知度最高的世界咖啡，这些方法都称为"咖啡馆"，因为它在工作坊中再现了遍布世界的咖啡馆的氛围：4~5个人围着一张小小的桌子，随意漫谈交流。这种讨论方法也常见于小组成员围绕白板架展开。咖啡馆的方法在某种程度上与点子交换有些相似：大家进行小组讨论，并在不断变化的小组中展开。不过，它们还是存在一些不同点。

在咖啡馆的方法（如图9-5所示）中，人们围着桌子轮转，一个人留在原来的桌子，向新来到的小组成员解释之前小组的讨论，随后新小组继续讨论。由于小组轮换时，有人留下并对新成员进行解释说明，新成员对原来的讨论有所了解，可以继续深入交流。因此，咖啡馆的方法一次可以探讨多个话题。

1. 选择话题

——通常在澄清阶段之后，你会选出 3 ~ 4 个问题。

2. 小组工作

——将参与工作坊的人员分成相同人数的小组；

——每个小组在海报纸上写下他们的想法和建议。

3. 组员轮换

——有一位组员留下，并向新组员介绍之前小组的讨论，其他人在小组间轮转；

——新的小组会产生更多想法，组员可以对先前小组的讨论给予补充和评论。

4. 结论

——选择最佳想法并呈现；

——对所有想法进行评估。

注：咖啡馆是一个应对多问题场景的超棒的分享讨论工具。

图 9-5　咖啡馆的方法步骤

咖啡馆的方法力求营造一个轻松的聆听他人和获取信息的氛围。轻松的咖啡馆的氛围和以骄傲地"偷"为核心原则的点子交换的竞争特质有很大的不同。

还记得我在拉各斯为尼日利亚配套有限公司举办的工作坊吗？在澄清的阶段，参与者达成了对未来的愿景的共识后，我就在解决方案阶段使用了咖啡馆的方法。咖啡馆的方法是一个很好的选择，因为有关尼日利亚配套有限公司的新愿景的各种问题对所有管理团队成员而言都同样重要。每个人都致力于一个共同的公司愿景，因为所有人来自类似的工作背景，这里没有什么仅属于个人而与其他人无关的特定技术问题。

咖啡馆方法的最佳应用场景是多话题场景，而话题是所有的参会人员共同拥有的。常见的多个话题应用包括团队发展的问题，价值观以及新的战略或愿景。重点请谨记，当讨论新的战略时，咖啡馆的方法可以同时讨论多个话题。不过，最好每桌或每组一次集中在一个问题上，然后引导者可以指示小组轮换主题。

如果在工作坊解决方案阶段讨论的话题和情境中，只需要专家来理解某个话题和情境，它们不需要获得每个人的承诺，那么正确使用的工具是开放空间或者它的一些简单变形。开放空间基本上是一个自由形式的会议。每一个情境或问题都给它独立的空间或者房间来讨论，人们很自然地会被吸引到他们自已关注的会场中，跟随他们的心愿，从一个话题流动到另一个话题。

> **开放空间技术**
>
> ·没有固定议程或事先安排好的会议；
>
> ·该方法是由哈里森·欧文于20世纪80年代开发的，在他的《开发空间引导技术：用户手册》一书中有描写；
>
> ·这一类型的会议已被广泛用于各种类型的商业活动中，也在不同的社区活动中；
>
> ·这个会议形式使用群体的大小可从几个人到几千不等。

在主题确定的分会场之间，人们随心所欲地流动到不同的会场中，贡献他们所能做的。开放空间会议的组织和运行是非常简单的，可以有效适用于从几个人到几百人的群体。

一个简版开放空间以及解决方案阶段的实施步骤

1. 在澄清阶段与团队一起选定多个主题。

2. 重新介绍各个主题，可以同时有多个主题（根据参与人数可以有 3～10 个主题）。

3. 介绍角色

· 会议主持人负责召开会议，确保会议讨论内容记录在案，并优先排序小组讨论的重点解决方案。会议主持人可以调用汇集与参加人员的技能（如果他们可以为几个会议都做贡献，那么他们可以从一个会议流动到另一个）。在会议的过程中，人们可以选择去任何他们喜欢的会议（这种自由的选择被称为"双脚法则"）。

4. 会议主持人与主题

· 可以分配主题给主持人或者可以寻求志愿者来担当会议主持人。

5. 给每个主题安排一个会议空间。

6. 告诉团队成员有多少时间，然后让他们开始会议。

7. 结束时间，请会议主持人向所有人员报告他们会议主题讨论的内容。

点子交换是不适用于多个话题同步讨论的，而通常多话题就是发生在解决方案阶段。点子交换是基于对个人的指令——"骄傲地'偷'，在你自己的纸上收集最好的想法"。要使这个指令工作，话题必须是单一的指示、事件、目标或问题。如果你同时面对许多话题，它就会变得一团糟。在这种情况下，你需要用不同的工具代替点子交换。

用点子交换收敛

这是什么废话！据说这是一本关于点子交换的书，而牛培生突然写道"在某些情况下，该方法是不适合的"。而现在他又介绍了其他方法。那么，点子交换去哪儿了？不用担心。这些用于多个情境或问题的引导方法是需要帮手的，因为它们单独使用时效果未必很好，当它们与点子交换一起组合使用时，它们就能发挥更大的作用。基于开放空间的哲学，不是所有人都需要理解或参与到所有的决定中去。开放空间是一个适用于大群体处理复杂问题的工具，复杂性的问题不可能让所有的参与者都能介入所有的决策流程中。

试想一下：如果你在一个团队里，团队的决策结果与团队成员之间高度相关，那会怎样呢？团队中每个人至少应该理解他人决定背后的思考逻辑。而开放空间是完全依靠参与者们自发组织的。运用开放空间时，参与者们自由地组合，各自决定什么问题是与他们相关的，什么问题对他们来说是重要的。小组讨论的成员和共同做决定的成员往往都是自发形成的，参与者在过程中会知晓结果对他们的工作产生的影响。

咖啡馆方法在围绕多主题创造良好的会谈氛围，探索不同的可能性方面是很好用的。那在创建共识和决策方面呢？当使用咖啡馆的方法时，引导者依靠小组讨论决定或用优先排序的方法来做决策。尽管我们用一个长时间的富有成果的谈话，创造了各种可选项，但却在几分钟内就做出了选择，这造成了发散和收敛之间的不平衡。

处理多个话题的引导方法可以有效地同时为多个话题创建多种可能的解决方案。现在，为了支持收敛过程和创建共识，我推荐使用点子交换的方式。当你们小组同步完成多个问题讨论，接着你可以开始展开点子交换，要求每个人在纸上选出的最佳点子。

下一步，你要求形成三人小组，相互"偷"点子。然后，你重新组成三人小组，重复这一步骤几次。当你在收敛过程中使用了点子交换，你将会让各个小组成员比较不同的选项，对他们的决定做出解释说明，深入的理解就会被创建，这个团体决策也更接近共识。或者，团队成员至少理解了他人决定背后的思考逻辑。经过几轮"偷"，你们可以选择并张贴

最佳解决方案，如果还有需要，你们可能还会再优先排序最
后的结果。

行动计划阶段

正如我们在第八章（行动计划）中看到的，点子交换在这个阶段再次被使用，让人们彼此交谈，从而可能发现意想不到的帮助和支持。行动路标图也被采取作为行动具体的提醒，公司多个行动计划都汇总呈现到路标图上。在行动计划阶段，点子交换结合路标图一起使用是我喜欢做的事，因为这样的组合是有效的。你将会发现在所有工作坊案例中重复出现的这种组合方式，在本章节的最后部分也会看到。

工作坊设计案例

让我们重新回顾一下工作坊的重要原则，然后进行工作坊的设计。一个工作坊通常有三个阶段：澄清阶段，解决方案阶段和行动计划阶段。如果你设计的工作坊中有更多的阶段，你可能尝试做的事情会过于复杂，参与者可能要很努力才能跟上你的逻辑。

在澄清阶段，你有一个主题，所以你可以一直运用点子交换的方法。不过，这里有三种类型的工作坊：澄清问题、澄清愿景还是执行部署一个目标（澄清信息）。根据你所澄清的类型，你可能需要其他的引导工具。我稍后会按顺序解释说明这三种类型的澄清。

在解决方案阶段，如果你要处理多个话题，那么点子交换未必适合使用。当你的多个问题对所有参与者都非常重要时，一个更好的可选择的工具将是咖啡馆的方法。而当你要处理专家类型的多个问题时，开放空间的简易变形的方式会

226

变得更有效。

在行动计划阶段，一直要回答这样一个问题："我接下去打算做什么？"你可以再次使用点子交换。

如果它是一个问题，而且已经被澄清了，那么你需要一个问题解决工作坊。在问题解决工作坊的设计框架样本中，显示了完整的 CSA 架构，其在澄清阶段使用了根因分析和点子交换两个引导工具。对于一个问题解决工作坊而言，像根因分析这样一种分析问题类型的引导工具是个不错的选择。在这个阶段，使用根因分析的一个优点是，每个人都有时间思考问题背后的逻辑，这样可使得偷点子在不同小组中重复顺利地进行：因为人们已经思考过这个问题，所以他们的想法和答案更符合逻辑。

开放空间在问题解决工作坊的解决方案阶段是非常有效的。很多时候，影响团队的问题的解决方案可以做划分，技术性的需要企业内部信息和专业化知识。这就是为什么开放空间是一个很好的适合此场景的工具。人们倾向于参与到他们能理解的问题讨论中，并用他们的专业知识对那些特定的话题讨论做出自己的贡献。

像所有的工作坊一样，问题解决工作坊以行动计划结束。在行动计划阶段，更具体的细节就会被描述和呈现出来。完成这个阶段之后，我们应该清晰地看到"谁来做""做什么""何时做"和"角色分工"。

> **问题解决工作坊的架构案例**
>
> 1. 澄清阶段：定义问题是什么
> · 工具：点子交换和根因分析。
> 2. 解决方案阶段
> · 工具：开放空间。
> 3. 行动计划阶段
> · 工具：点子交换和路标图。

有时，一些重要的决定或者新的战略是由一小部分人制订的，然而却影响了很大一批人。如果一个目标或愿景是自上而下的，例如，从高层管理人员传递到一个更大的员工群体，那么你可以举行一个工作坊来部署这个目标或愿景，澄清目标或愿景到底是什么。这种类型称为"部署工作坊"。

部署工作坊的框架

1.澄清阶段：变革目标

·就变革进行演讲，变革期望达成什么；

·工具：点子交换和两个问题（关键事实和第一
反应）。

2.解决方案阶段

·工具：咖啡馆。寻找达成变革目标的解决方案。

3.行动计划阶段

·工具：点子交换和路标图。

上述图示展示部署变革工作坊的框架。乍一看，它也是遵循了常见的 CSA 的框架。基本上，工作坊的设计都是这样的。不过，在部署工作坊中不同的是，点子交换如何应用在澄清阶段。同样，点子交换从个人阶段开始，但是这个阶段要求人们的头脑中思考两个问题：

●演讲中的关键事实包括了些什么？

●关于这个演讲，我的第一反应是什么？

在部署工作坊的解决方案阶段，如果只有一个目标要部署

（例如：公司成长），你可以使用点子交换。通常，公司会有多个目标需要进行部署。例如，公司的年度目标是要员工满意度提升 5%，成本降低 8%，并维持 10% 的增长率。每一位员工都需要承诺目标，并应该致力于为每个目标寻找最佳的解决方案。咖啡馆是一个可以处理多个问题并创建承诺的引导工具，这使得它成为部署工作坊中解决方案阶段的一个很好的选择。在工作坊的最后阶段，推荐使用路标图和点子交换。

> **战略工作坊的 CSA 架构**
>
> 1. 澄清阶段：愿景
> ・工具：点子交换和许愿。
> 2. 解决方案阶段
> ・工具：咖啡馆。
> 3. 行动计划阶段
> ・工具：点子交换和路标图。

如果我们需要为公司设定一个新方向，那么战略工作坊是比较合适的。请花点时间看看战略工作坊的 CSA 架构[①]。我们已经熟悉了澄清阶段采用点子交换和许愿的引导工具组合，

---

① 如果你想要尝试战略工作坊更高级的架构，你可以要求参与者在解决方案阶段同时思考一些达成愿景的障碍。探索障碍可以让参与者的思考更深入，因此在这个环节可以改进所提解决方案的效果。

这是帮助人们在点子交换的个人阶段自由地拓宽思考，畅游梦想。在解决方案阶段，我们运用了咖啡馆的方法，因为每个人都应该理解战略实施的解决方案，咖啡馆的方法可以促使每个人参与讨论。同时，请关注行动计划阶段，我们使用了熟悉的点子交换和路标图的工具组合。

　　这一章的目的是帮助你设计工作坊，并在不同阶段选择恰当的引导工具。如果你对何时选择工具依然不确信，请回看工作坊框架图。请记住，点子交换在工作坊的开始和结束阶段一直是个不错的选择。

总　结

目前的头脑风暴技术让我们产生了不少期待，却往往得到了差劲的结果。在你已经读完了这本书后，你同意这个说法吗？坦白说，我并不在乎你对传统头脑风暴法的看法。我真正希望的是，你已经收获了一些有用的方法和工具，可以帮助你设计和展开比以前效果更好的未来的会议和工作坊。

我坚信，点子交换是一个威力强大的工具。它帮助人们分享自己的想法，也允许人们接受和采纳其他人的观点，还帮助人们更好地相互理解和完善彼此的点子，并助力其在前进的道路上建立共识和承诺。

我希望在未来的工作中，你会尝试运用点子交换。请记住骄傲地"偷"！

"爱引导"《从困境走向成功》，一路向前！

我与牛培生结缘始于 2017 年 5 月。

晓燕教练在新华路 345 号创问教练场设的一个局，邀请牛培生来分享"什么是引导？引导与教练的区别？……"彼时，我刚接触到教练，因为帮助英语翻译，参与到了前期与牛培生沟通交流策划的准备工作。

线下第一次见到牛培生是在 5 月，这也是我第一次参加引导工作坊。

在这次引导工作坊，我第一次听到了"发散""收敛"，看到了各种发散与收敛的工具被运用。而其间牛培生所引导的流程，他的状态，以及大家最后收获到的产出，都被行云流水般地呈现了出来，我由此被"引导"的魔力彻底征服了。

沙龙结束后，我马上买了牛培生推荐的他所著的《从困境走向成功》。当我开始阅读这本书的时候，问题来了。请脑补一下这个画面：你买了一个功能卓越的新电动工具，你希望知道如何正确地使用它，于是马上如饥似渴地啃读起了说明书。

如果说工具说明书的文字读起来有些无聊，大家还能理解，但试想如果读一本文字组织得佶屈聱牙的工具说明书，你会不会很崩溃？

《从困境走向成功》一书中的字我都认识，但放在一起读，却越读越头痛。书虽然难读，但还是要啃。为了帮助自己学习，我找到晓燕和李静商量成立引导读书会，三人一拍即合，于是《从困境走向成功》的读书会便成立了。

2017年6月，《从困境走向成功》读书研修小组正式开始启动。从那天开始，研修会每两周一次，雷打不动地持续进行到现在。

为了帮助研修学习，我们把《从困境走向成功》书上介绍的工具做成了工具清单，一个接一个地，由不同的参与研修的伙伴分别带领研修学习。

我们研修学习最初仅有五六人，开始就加入学习的有Wendy、柯羽、老K、李静、骆驼和我，后来发展到七八人，到十几人，到几十人，到一百多人。到2019年3月，《从困境走向成功》发展成长起来的"爱引导"在无资金预算、无场地、无专职团队的"三无"条件下，竟然用"引导"的方式，奇迹般地组织了一场近200人的两天的引导大会：五〇奇迹大会。

自2018年3月起读书小组确定冠名"爱引导"，形成了一个收费的会员制社群，读书小组也从每两周一次的研修到每周一次研修，开始组织每月的沙龙，还邀请老师推出众筹课；每个季度组织一场会员日活动。

从2017年5月起，爱引导，这个以引导技术为主的学习研修社群突破了"困境"，不断学习，不断成长，正在"走向成功"，引导技术是我们的backbone。而期间，牛培生作为我们的导师，我们的支持者，和我们越走越近，并结合在一起。

两年多来，牛培生多次到爱引导社群带领分享引导沙龙工作坊，并在奇迹大会上呈现了一场精彩的带领超过200人的大型引导活动，向社会展示了引导的魅力。我和牛培生彼此也构建了越来越多的共识。我们共同的愿景，那就是要用引导技术去影响服务中国的组织和机构,让更多的组织机构工作更高效，关系更和谐更健康。

在牛培生的新书即将出版发行之际，祝愿更多国人了解学习引导技术，更多人学习点子交换这个工具，它能让你的头脑风暴变得更高效，产出更丰盛。

爱引导社群发起人

嗨森教育创始人

高树斌

读书笔记

读书笔记

好书是俊杰之士的心血，智读汇为您精选上品好书

《解密 HRBP 发展与体系构建》这本书将全面告诉你 HR 如何成为 BP，他的真知灼见一定会助力 HRBP 的实践。

《解密 HRBP 发展与体系构建》姊妹篇，更多实战案例、工具与方案，传统 HR 向 HRBP 转型的必备工具书。

从逻辑的起点，到形式逻辑的三大基本规律和基本推理，再到 19 种逻辑谬误等概念浅近直白地呈现出来。

这是一本向 3M 光辉创新历史致敬的书，本书是对创新理论的再认识，也是对企业发展基础再思考的过程。

本书是一位阿米巴经营顾问的感悟，一本中国企业阿米巴经营落地教材，打开阿米巴经营的金钥匙。

这本《企业基因图》揭示了创业者是否具有做老板的基因，经营企业的奥秘，至少让你少走五年的弯路。

本书每章按理论、典型人物、工具介绍和实践的逻辑结构展开。是每一个有志成为创新领导者的读者案头的工具书。

雇佣时代已去，合伙时代来临。本书以绩效激励和股权激励为中心，打造真正适合中国国情的企业"事业合伙人"组织。

本书以"新人类"的角度，分析"新人类"对产品、场景、渠道、品牌的需求变化，来重新理解零售。

更多好书

>>

智读汇淘宝店　　智读汇微店

让我们一起读书吧，智读汇邀您呈现精彩好笔记

—智读汇一起读书俱乐部读书笔记征稿启事—

亲爱的书友：

感谢您对智读汇及智读汇·名师书苑签约作者的支持和鼓励，很高兴与您在书海中相遇。我们倡导学以致用、知行合一，特别打造一起读书，推出互联网时代学习与成长群。通过从读书到微课分享到线下课程与入企辅导等全方位、立体化的尊贵服务，助您突破阅读、卓越成长！

书 好书是俊杰之士的心血，智读汇为您精选上品好书。

课 首创图书售后服务，关注公众号、加入读者社群即可收听／收看作者精彩微课还有线上读书活动，聆听作者与书友互动分享。

社群 圣贤曰："物以类聚，人以群分。"这是购买、阅读好书的书友专享社群，以书会友，无限可能。

在此，我们诚挚地向您发出邀请：请您将本书的读书笔记发给我们。

同时，如果您还有珍藏的好书，并为之记录读书心得与感悟；如果你在阅读的旅程中也有一份感动与收获；如果你也和我们一样，与书为友、与书为伴……欢迎您和我们一起，为更多书友呈现精彩的读书笔记。

笔记要求：经管、社科或人文类图书原创读书笔记，字数 2000 字以上。

一起读书进社群、读书笔记投稿微信：zhiduhui9

读书笔记被"智读汇"公众号选用即回馈精美图书 1 本（包邮）。

———— 智读汇系列精品图书诚征优质书稿 ————

智读汇云学习生态出版中心是以"内容＋"为核心理念的教育图书出版和传播平台，与出版社及社会各界强强联手，整合一流的内容资源，多年来在业内享有良好的信誉和口碑。本出版中心是《培训》杂志理事单位，及众多培训机构、讲师平台、商会和行业协会图书出版支持单位。

向致力于为中国企业发展奉献智慧，提供培训与咨询的**培训师、咨询师，**优秀的**创业型企业、企业家和社会各界名流**诚征优质书稿和全媒体出版计划，同时承接讲师课程价值塑造及企业品牌形象的**视频微课、音像光盘、微电影、电视讲座、创业史纪录片、动画宣传**等。

出版咨询：13816981508，15921181308（兼微信）

— 智读汇书苑 081 —
关注回复 081 **试读本** 抢先看

● 更多精彩好课内容请登录 智读汇网：www.zduhui.com